11

DAS ANDERE
DAS ANDERE
DAS ANDERE
DAS ANDERE
DAS ANDERE

ay EDITORA ÂYINÉ

Belo Horizont

Teresa Cremisi
A TRIUNFANTE

TRADUÇÃO | Sandra Stoparo
PREPARAÇÃO | Mariana Delfini
REVISÃO | Ana Martini, Fernanda Alvares

SUMÁRIO

A TRIUNFANTE

09 **DE MANHÃ CEDO**
63 **FIM DA MANHÃ**
123 **TARDE**
179 **NOVE HORAS DA NOITE**
203 **MEIA-NOITE E MEIA**

207 Biografia

A TRIUNFANTE

DE MANHÃ CEDO

Tenho a imaginação portuária.

A lista do que faz meu coração bater mais forte é longa – fotos amareladas, poemas, canções, imagens de filmes – e representa ou conta os cais, os barcos, as docas, os fardos de algodão, os contêineres, as gruas, as aves marinhas.

Nasci em uma grande cidade empoeirada, no último andar de uma clínica conhecida como «hospital grego», bem perto de um porto. Um porto mais célebre que os outros, onde a história se alojou muitas vezes com estrondo, onde realizou estranhos vaivéns, ao sabor dos séculos, sem objetivo aparente.

Um porto que conheceu a glória e o esquecimento, uma esquina do mundo, no cruzamento de todos os caminhos. Cleópatra nasceu lá (ainda que um pouco antes de mim), e durante milênios a areia das praias a seu redor devolveu moedas de todos os tipos. Moedas polidas pela água, pelo sal, pelo vento.

Minha mãe teve a ideia de pedir para um joalheiro armênio passar um fio em sua coleção de moedas, como se fossem pérolas; de vez em quando uso esse colar bizarro, onde a prata predomina (uma só moeda de ouro, o ouro é mais raro, mais frágil; quatro ou cinco de cobre escurecido). Quando as olhamos, uma a uma, as efígies não estão completamente apagadas: os perfis, os capacetes de guerreiros, os símbolos de civilizações perdidas. Querem talvez transmitir histórias de soldados ou marinheiros afogados, adormecidos, despojados, encalhados, esquecidos.

Uma história silenciosa, que me dá arrepios.

Nasci em Alexandria, do outro lado do Mediterrâneo. Não escrevo para falar de algum tipo de nostalgia. Os lugares são para mim os únicos gatilhos de uma tempestade violenta, mas a nostalgia não é um sentimento que eu goste de cultivar.

Sou um espírito pragmático, terra a terra.

No começo dos anos 1940, a menininha que eu era tinha diante dos olhos um universo por descobrir. É assim para todas as crianças, mas o mundo oferecido por uma civilização que está acabando carrega em si algo desordenado, incoerente, elegante. A coexistência do sopro da história e dos barulhos dos prelúdios barulhentos da modernidade, o perfume do apodrecimento, a lepra que come as paredes, as flores selvagens e indisciplinadas, os risos de uma liberdade impertinente, o fatalismo feliz constituem uma mistura que não precisava ser expressa por palavras para marcar uma criança.

Uma imagem dessa felicidade se impõe. Íamos sempre de carro ao meu lugar preferido para passear. Vinte ou trinta quilômetros por uma estrada que costeava a via do velho bonde no começo da estação de Ramleh e seguia para Rosette. O trem dos pobres. Quanto a nós, usávamos um Chevrolet. Mesmo assim, na minha memória, demorava: charretes, cachorros, crianças, cestos de legumes.

Na chegada, uma grande baía, um arco muito largo, aberto aos ventos. Era Abuquir.

A baía tinha um pouco a forma de um anzol, com um forte em ruínas fazendo o papel de ponta.

A imagem deixa entrever esse arco lânguido, essa areia uniforme, os rochedos escuros aflorando aqui e lá, servindo de apoio para pequenas plataformas de madeira. Cafés, restaurantes (difícil chamá-los assim...). Mesmo que essa foto tenha sido tirada bem antes das tardes de minha infância, nada mudou na minha lembrança. O trem para em uma estação barulhenta alguns metros adiante; nós estacionamos o carro em uma descida íngreme e deixamos as chaves com um «guardião» de um olho só ou maneta e, por um caminho sujo, às vezes lamacento, chega-se à praia. A impressão dominante é a de uma tranquilidade dissimulada. O silêncio; o mar quebra com doçura.

— Vá procurar seus ouriços — dizia meu pai.

Procurávamos ouriços; se não havia o suficiente, pedíamos a um dos meninos que rodeavam as mesas que fosse pescar. Dez, doze, vinte. Se o menino fosse surdo ou surdo-mudo, explicávamos com as mãos. Ele voltava rápido, encharcado, com tesouras enferrujadas e um limão.

Agradeço aos céus ter vivido, há muito tempo, fins de tarde em um lugar esquecido, silencioso, com os ouriços e as tesouras enferrujadas.

Graças a meu pai, soube muito cedo que o lugar guardava uma história de som e fúria. Ele tinha me contado sobre a batalha de 1º de agosto de 1798. Depois disso, ao longo da minha vida e segundo o acaso das leituras, os detalhes dessa batalha naval se acumularam na minha memória. Uma memória atenta: ela acordava, como um animal curioso, assim que se falasse de armas e de guerras. Ainda sinto um pouco de vergonha de contar isso: uma menininha de vestido de pregas e babados, com roupas de banho tricotadas por sua babá, que conhecia a diferença entre os canhões de 36 e os de 32 libras, se eram carregados com balas, obuses ou metralha, se precisavam de dois ou três homens para sincronizar os tiros.

Logo compreendi que as menininhas que gostavam de batalhas navais eram raras, e sempre fui discreta quanto a meu saber marítimo e militar. Era inexplicável, não era acompanhado de um temperamento violento, nem de uma erudição utilitária, visando a algum proveito. Era um saber autodidata acumulado sem razão, nem interesse, nem finalidade. Não convinha a uma criança dos anos 1940, nem à mulher que me tornei.

Ainda hoje é um conhecimento secreto. Ele me faz companhia.

Por causa das tardes de Abuquir, dos ouriços e dos crepúsculos contemplados em silêncio, me peguei muitas vezes sonhando diante de batalhas navais expostas nos museus da Europa; me enfiei em uma tradução (por mais que não seja mesmo meu trabalho) de *Salambô*, o romance mais tonitruante e sanguinário ao meu alcance; tradução que me deixava ofegando de fadiga e terror ao final de cada página.

Se queremos compreendê-los, olhar esses enfrentamentos nos quadros mais ou menos célebres não serve para nada. Nada além da imaginação permite ver e ouvir o que por exemplo aconteceu em uma noite de verão em Abuquir. Essa baía – eu a revejo banhada com uma luz doce – foi incendiada por uma sucessão de acontecimentos inauditos. Como iniciar os tiros em uma noite escura de agosto, como posicionar os barcos, como coordenar uma rajada de ordens, como não se destruir entre barcos de uma mesma frota? Sem que os navios pudessem se comunicar, sem iluminação além das faíscas ondulantes, sem saber quem ainda está vivo, já ferido de morte, jogado por sobre a amurada?

A imaginação me permitia então ouvir também os gritos, os estrondos assustadores, as explosões. Mais tarde, me pareceu que as batalhas navais, mais que as outras, eram um símbolo trágico. Tanto conhecimento, troncos de árvores encaminhados para os estaleiros por balsas, milhares de horas de trabalho de artesãos hábeis, tanta coragem. Tudo isso queimado, afundado em poucas horas. Sem utilidade alguma.

Sentada na areia de Abuquir, apertando um pouco os olhos, eu podia ver avançarem essas criaturas imponentes com nomes belos e terríveis: *Guerrier*, *Peuple-Souverain*, *Aquilon*, *Tonnant*, *Heureux*... e o maior, o mais armado (mil e duzentos homens), *L'Orient*. Ele explodiu às onze horas, em plena noite.

Eu me pergunto se, nessa noite, havia camponeses ou beduínos sentados como eu, criança, nesta praia. Eu me pergunto qual era o aspecto da praia na manhã seguinte. Quando as ondas recomeçaram a quebrar docemente.

Em torno do fim do mês de março, eu sempre sentia em minha mãe uma impaciência incontestável.

— ... está muito úmido. O vento está pegajoso. Não é bom para a criança.

Eu percebia que era um álibi. Era absolutamente necessário que «a criança» fosse respirar o ar fresco e são da Europa. A Suíça, ah, a Suíça! As lembranças faziam sua voz vibrar. Nada seria melhor que a Suíça para esta criança querida. A rigor, a Áustria, o sul da Alemanha. Os prados, as margaridas, as noites frias, o *bircher muesli* da manhã. A voz do pai ficava bastante indolente:

— ... mas eles estão em guerra!

Era na verdade uma boa razão para ficarmos tranquilos na casa com terraço que dava para o Sporting Club.

Um suspiro em resposta. Sim, havia a guerra. Mas de algum modo daríamos um jeito. Os barcos da Companhia Adriática ainda partiam, duas vezes por mês, do porto de Alexandria para Gênova, Nápoles ou Veneza.

— ... sim, talvez haja guerra, mas nós somos italianos!

— ... não você, você tem um passaporte britânico...

A mãe de passaporte britânico (ela nunca tinha posto os pés na Inglaterra e dava pouca atenção às forças militares em jogo) teve que se resignar a passar os verões em casa.

No fim das contas, foram anos inesquecíveis para todo mundo.

As coisas ficaram mais difíceis muito rápido. O pai «italiano», para evitar ser encarcerado em um campo inglês, precisou se refugiar no delta do Nilo. Passou anos muito bons lá, vestido de djelabas brancas, dormindo nas casas de palha e barro. Bebia chá entre os camponeses, ria com as crianças, ouvia os homens contarem histórias de todos os dias (as mesmas há milênios), comia em gamelas disformes, olhava os pés de algodão crescerem com um olho de entendido.

A mãe «inglesa» tinha por sua vez descoberto uma liberdade que as margens da história concedem por um tempo limitado. A cidade tinha se enchido de soldados britânicos, ouvia-se os bombardeios tonitruarem quase todos os dias a oeste, do lado de Marsa-Matruh, em El Alamein; ela conduzia ambulâncias, tinha amigos na cantina dos oficiais. A guerra além-mar deixa os jovens rapazes sentimentais. Isso os levava, à noite, a declamar poemas, com uma cerveja na mão, ou a cantar baladas antigas, a voz rasgada e os olhos úmidos. Alguns jovens intelectuais saídos de Cambridge ou Oxford se encontravam em uniformes, cheios de areia, em uma cidade do Oriente, fatigada e charmosa, na idade em que deveriam começar uma vida tranquila sob céus cinzas. Foram férias estranhas e perigosas para eles.

Minha mãe ficava cada vez mais bonita. Desses meses, desses anos de felicidades incongruentes, sobraram apenas algumas fotos e alguns livros encadernados entre as coisas preservadas da fúria destruidora que a tomou no fim da vida. Nunca me separei de um livro de Rupert Brooke (o homem mais bonito da Inglaterra, segundo Yeats, morto aos vinte e sete anos a bordo de um barco da Royal Navy ao largo de Esquiro: certamente um herói para um dos jovens oficiais lotados no Egito).

O livro está encadernado em couro azul-escuro, com as bordas das páginas douradas. Tem uma dedicatória apaixonada, um poema sublinhado:

Oh! Death will find me, long before I tire
Of watching you...[1]

Quanto a mim, os anos de guerra foram bem aproveitados: aprendi grego com minha babá Magda, árabe com Mohammed, o faz-tudo da casa, bordado com uma costureira armênia, pesca com um primo que tinha perdido seus exames, dança com uma mitômana russa e ruiva e a criar bichos-da-seda com uma vizinha, Myriam. Já ia me esquecendo: Bonaparte e Nelson vinham me fazer companhia à noite. Na cama eu lia também *Médico à força*,[2] rindo até as lágrimas.

Essa história de passaportes de procedências variadas em uma mesma família não era uma particularidade nossa. A maior parte dos meus primos tinha ainda outros passaportes (alemães, espanhóis, suíços – o máximo do

---

1   Em tradução livre: «Oh! A morte vai me encontrar, muito antes de eu me cansar de olhar para você». Início de um soneto de Rupert Brooke (1887-1915), poeta inglês morto durante a Primeira Guerra Mundial. [N.T.]

2   *Le Médecin malgré lui*, sem tradução brasileira, comédia de Molière (1622-1673) de 1666. [N.T.]

chique) e isso não era na verdade um assunto entre nós. Esses documentos, privados de todo simbolismo, não refletiam uma história antiga, não testemunhavam nenhuma raiz precisa. Ter um passaporte nos distinguia somente das pessoas do povo do Egito, que não o tinham. Mais tarde, aprendi que em geral os passaportes italianos se compravam com facilidade; para os franceses, era um pouco mais complicado, os ingleses, por sua vez, criavam dificuldades, exigiam provas. O que dava um certo valor ao passaporte britânico de minha mãe.

De todo modo, descobri bem cedo, digamos aos nove, dez anos, que pertencíamos a uma sociedade que falava francês, morava em imóveis vagamente haussmanianos ou francamente art déco, amava a França de maneira exagerada e obsessiva. Essa sociedade passava seu tempo a pegar o barco, ir para a «Europa», aplicar-se em ocupações mais ou menos poéticas e voltar ao porto de Alexandria no outono. Com muita bagagem e frequentemente um carro novo cintilante que, preso por uma rede robusta, era desembarcado sobre o cais com precaução, sob os olhares de uma aglomeração admirada e sentenciosa.

Situo mais ou menos na mesma idade a impressão de que tudo era provisório, para nós, para os outros, para a humanidade inteira. Era inútil inventar tantas histórias, alguns estavam mais exilados que outros e se acomodaram a isso, alguns, ao contrário, construíam e mantinham ilusões de pertencimento: o assunto era vasto e delicado, era melhor pensar em outra coisa.

Essa imprecisão quanto à «nacionalidade» encontrava correspondência na riqueza e na pobreza. Nós éramos ricos, mas conscientes de que isso era uma sorte e um acidente. A riqueza não era a consequência de um trabalho merecedor, de um comércio visionário, de um talento particular; nem mesmo uma recompensa por uma virtude ou um estado definitivo que assegurasse um futuro confortável; era ridículo gabar-se do bem-estar e vergonhoso fazer disso um instrumento de dominação.

O equilíbrio era instável.

O valor das moedas mudava por razões que nunca consegui qualificar de econômicas; os patrimônios desmoronavam, as carreiras desabavam. Havia os que colocavam seus bens em cofres suíços, mas eles acabavam obrigados a adotar o comportamento de conspiradores; sua vida ficava cada vez mais complicada; eles não podiam gastar despreocupados o dinheiro de que eles mesmos se tinham privado investindo em um futuro hipotético.

Bem mais tarde concluí que a atitude dos adultos da minha infância em relação ao dinheiro poderia se assemelhar à desconfiança ou ao desprezo do capitalismo. A relação, tão evidente no mundo ocidental, entre trabalho, mérito e sucesso social, de um lado, e dinheiro, de outro, não estava estabelecida para eles, ela não existia.

Não era nem uma postura, nem uma escolha filosófica. Mas uma força natural que me marcou profundamente e cuja excentricidade só descobri quando entrei no «mundo do trabalho».

Não respeitar os ricos não significava que os pobres eram admiráveis e abençoados. Havia tantas pessoas más entre os pobres quanto boas entre os ricos.

Vivíamos, aliás, cercados de mendigos. Jovens, velhos, mais ou menos estropiados. Quando podíamos, dividíamos entre eles tarefas reais ou imaginárias para que pudessem viver de seu trabalho sem precisar sempre pedir esmolas. Eles eram todos promovidos a guardiões de alguma coisa (sobretudo de carros estacionados), carregadores de pacotes, lavadores de calçadas, engraxates, mensageiros, floristas improvisados, ajudantes de cozinha, enviados para comprar linha de costura, passadores de cortinas, responsáveis pelas folhas secas.

Havia um, sempre na esquina de nossa rua, que nada podia fazer: sobre um minúsculo estrado de madeira com rodas minúsculas, caolho, sem pernas, toda manhã estendia a única mão que lhe restava no fim do único braço. Devo a ele uma dolorosa humilhação que sofri quando, encarregada de lhe dar uma moeda, retruquei: «... mas ele ainda tem um braço e um olho», querendo dizer com isso que ele teria talvez podido fazer alguma coisa também.

Ouço ainda os sarcasmos, as chacotas, o chicote da palavra «avarenta»: a pior das injúrias no vocabulário familiar.

No começo dos anos 1950, passaram a falar bastante à minha volta sobre o canal de Suez, que, no dia a dia, era chamado de «o Canal». Isso provocava perguntas inquietas, mas sóbrias.

— O que vai acontecer com o Canal?

— Eles querem controlar o Canal?

— Os franceses e os ingleses vão defender o Canal?

— Os russos querem o Canal?

Nunca percebi um tom trágico nesses questionamentos, que, entretanto, depois da destituição do rei (ele era turco ou albanês ou os dois: nada grave tampouco) se tornavam muito frequentes.

Aos onze ou doze anos, fui visitar o famoso Canal com a minha classe; acampamos não muito longe; acho que era uma excursão de escoterios escoteira, saia azul-marinho e lenço no pescoço. O Canal não tinha me causado grande impressão e eu não sabia muita coisa sobre sua história nem sobre a importância quase mitológica de que ele se revestia para o país onde eu tinha nascido.

Meio por acaso, comprando aqui e ali fotos do Oriente do fim do século XIX, formei uma coleção extensa de fotos do Canal; ela dá ideia do que representou sua abertura para os equilíbrios políticos, comerciais. Alterando as distâncias e abrindo de repente o acesso a outros oceanos, essa brecha para a Ásia e o Pacífico transformou a visão geográfica dos ocidentais.

Ferdinand de Lesseps e as autoridades francesas tinham imposto aos ingleses uma Companhia do Canal que, preservando os interesses das duas grandes potências coloniais da época, dava ao Egito a possibilidade de controlar uma parte importante dos lucros provenientes dele. Esse equilíbrio fracassou quando o quediva, tendo gastado muito mais do que lhe cabia (e não tendo pensado em «investir», que palavra inadequada, em seu país), revendeu sua parte quase em segredo para o governo inglês. Daí o controle inglês do Canal, fundado também sobre a ciência inata do grande povo britânico no domínio da marinha mercante e militar.

Os trabalhos de construção, a abertura e inauguração do Canal em 1869 foram eventos seguidos dia a dia pelas capitais europeias. A Índia se tornava acessível, o Extremo Oriente também. Outras colônias poderiam se desenvolver. As escalas estratégicas como Aden começariam a prosperar.

Entre tantos outros aventureiros temerários, Rimbaud, Conrad, Monfreid viram passar as dunas costeiras dos dois lados dos barcos nos quais eles embarcaram, sentiram o sol implacável esquentar as pontes tórridas. As passagens de navios se multiplicaram, os viajantes afluíram. Em Porto Said, em Ismaília e em Suez, as agências de correio novinhas faziam negócios: cartões--postais, cartas comerciais, palavras de amor eram postadas todo dia pelos europeus fazendo escala. Os sentimentos misturados daqueles que começavam uma nova vida, marcada por essa passagem estreita e árida, quase um longo corredor, se exprimiam ali. A excitação da aventura, o medo de voltar as costas a um mundo conhecido e protetor, a consciência de que para eles nada mais seria como antes.

A fotografia engatinhava. A partir de 1860, mais ou menos, os fotógrafos, a maior parte originária da Europa, se instalaram no Egito. Eles experimentavam novas técnicas. A impressão em papel albuminado, tão precisa em sua definição, tão bonita com seus camaïeux sépia, permitia também gravar à mão a assinatura do autor antes que a prova secasse.

Francis Frith, Félix Bonfils, Pascal Sebah, Antonio Beato, os irmãos Zangaki fotografaram o Oriente Médio com amor. O Canal, em particular, chamava atenção. Deixaram milhares de imagens. Tenho certeza de que todos os barcos que entraram em Porto Said tinham direito a seu retrato. Às vezes, tanto de frente como de perfil. Às vezes, amarrados ao lado de placas inclinadas com a inscrição, em francês, *Gare limite Sud* ou *Gare Limite Nord*. Nos clichês, a água se parece sempre com chumbo líquido. Em alguns deles, umas pequenas embarcações fazem companhia a construções. Frequentemente um frágil personagem, de costas, os olha passar e sublinha, por sua presença, suas imponentes dimensões.

Esses pioneiros fotografavam os navios de passagem com perceptível solenidade, como teriam fotografado jovens noivos. Para que seja para sempre preservada a lembrança de um dia único.

Em um dia de verão há quinze anos, em um antiquário perto de Avignon, encontrei em uma caixa de sapatos um cartão-postal que esperava por mim. Era a foto de um imóvel da Companhia do Canal em Porto Said; construído diretamente sobre o cais, com arcadas imponentes nos dois andares, três cúpulas com telhas vitrificadas decoradas com motivos árabes. Uma pequena inscrição pálida ocupava todo o espaço disponível, frente e verso; era quase ilegível a olho nu.

À noite, com a ajuda de uma lupa, decifrei o texto:

1ª escala. Porto Said, 9 de fevereiro de 1914.
Senhor A. Andrau, Inspetor Pedagógico
Rue Ferrer. Albi (Tarn).

Queridos irmão e irmã, já escrevi uma longa carta para nossos pais e disse para transmitirem-na a vocês. Quero, entretanto, endereçar meus beijos mais ternos diretamente a vocês todos, grandes e pequenos, mandando três cartões de nossa primeira escala, Porto Said, onde

chegaremos amanhã às duas horas da manhã. O barco
só vai parar por quatro horas à noite para embarcar car-
vão. Por isso, não iremos para terra. É sempre tedio-
so, ainda que Porto Said não valha a pena ser revista.
Ainda menos desta vez, já que o mar tem sido de uma
calma e tranquilidade sem par e não nos tem feito sofrer.
Ao contrário.

Sempre muito angustiados por termos deixado tan-
tos entes queridos, tentamos retomar a coragem e não
nos deixar abater pela ideia assustadora de um tão, tão
grande afastamento!! Mas cada volta do motor é um
salto a mais para o exílio e nos faz estremecer!

Coragem e saúde para todos.
Sua irmã, Léo.

Passei novamente no dia seguinte no antiquário para tentar obter as outras duas cartas. Em vão. Não saberei jamais por que Léo e a pessoa que a acompanhava (um marido, um filho?) estremeciam de angústia a cada volta do motor, por que Léo atravessava o Canal pela segunda vez, nem qual era seu destino: Djibouti, Reunião, Indochina talvez? Alguma coisa devia ter acontecido em Albi que a empurrava implacavelmente e contra sua vontade para o caminho do exílio.

Léo (Léonore ou Léonie...) não escondia seu medo do futuro. Um pouco mais de quatro meses depois, a mobilização geral seria decretada. O epicentro de todos os perigos não se encontrava mais no Oriente, mas na Europa. A história tinha escolhido despovoar as províncias francesas, tão tranquilas. O que aconteceu com seu irmão, o inspetor de Academia? Será que eles nunca mais se viram?

E será que aqueles que dispersaram os rastros tão tocantes dessas existências e venderam os cartões-postais de Léo Andrau os leram antes de se desfazer deles?

A partir do começo dos anos 1950, as nuvens, cada vez mais densas, se acumularam sobre nosso futuro. Elas ainda não tinham escurecido nossa vida cotidiana. As viagens de verão de barco por Nápoles, Gênova ou Marselha foram retomadas. Eram verões que minha mãe via como maiores que os da natureza: eles começavam em março-abril e acabavam em torno de 1º de outubro, a tempo da volta às aulas. Acho que nunca concluí um ano inteiro da escola, exceto nos anos de guerra. O terceiro trimestre era riscado de nossas existências.

Além da Suíça, destino preferido de minha mãe tanto pelo contraste com a paisagem egípcia quanto por razões íntimas, descobrimos com encantamento um pequeno porto da Côte d'Azur. Nessa época, Antibes transbordava de encantos e tinha tudo para me agradar.

Era a França. Mas uma França tão gentil, tão mediterrânea, tão luminosa. Havia uma Grand-Place com seus mercados salpicados de cores, cafés com cadeiras na calçada e nenhum mendigo (o que me pareceu o cúmulo do exotismo). Havia as muralhas: eu podia, do alto delas, olhar o mar ao longe e sonhar – secretamente, como sempre – com as frotas inimigas se aproximando, fundeando para poder canhonear com precisão a cidade fortificada. Havia um porto, pequeno mas bem protegido, dominado por um forte quadrado.

Na rua que levava até lá, na calçada da esquerda, uma loja pintada de azul desbotado abrigava o trabalho de um cabeleireiro para homens. Ele se chamava Jean-Louis, me parecia muito velho, com uns cinquenta anos. A maior parte do tempo ele não fazia nada; acho que ele não tinha muitos clientes e seu «salão de cabeleireiro» era, mesmo para a época, muito estreito e muito velho; de toda maneira, não tendo ajudante, ele não poderia atender mais de um cliente por vez.

Uma grande parte de seu tempo era dedicada a arrumar uma vitrine onde cestos separavam as conchas dos cavalos-marinhos, os ouriços das estrelas-do-mar. Não era uma coleção sortimento muito variada: tudo vinha das redes de pescadores que voltavam ao porto de manhã. Jamais ouvi Jean-Louis dizer que ele mesmo tinha recolhido alguns exemplares dos seus tesouros. Apesar disso, ele me ensinou a secá-los da maneira apropriada, a envernizá-los se fosse necessário, a fazer desaparecer aquele delicioso cheiro de podridão que a mim nunca tinha incomodado.

Ficamos amigos. Eu passava para vê-lo à tarde, pegava um cavalo-marinho ou uma conchinha, às vezes insistia, como minha mãe tinha recomendado, para comprá-los ou trazer-lhe um croissant.

Ele ficava feliz por me ver, mas nunca demonstrava.

Quando, para explicar aonde ia, eu dizia que não podia deixá-lo sozinho, minha mãe sorria vagamente. Um dia, como uma lâmina, ouvi:

— Não é fácil ser pederasta em uma cidade pequena.

De pronto, pensei em uma doença. Mais tarde, foi o Larousse que me informou. Quanto à dificuldade de amar meninos em uma cidade pequena no começo dos anos 1950, compreendi sozinha. Havia então uma explicação para a pouca afluência de clientes no salão de cabeleireiro, para os sorrisos provocantes e de certo desprezo dos pescadores que lhe traziam os cavalos--marinhos e as estrelas-do-mar. Entendi também por que seu olhar doce e apático se iluminava às vezes. Por breves instantes.

Acontecia de almoçarmos ou jantarmos em um restaurante da Grand-Place. Tudo era regido por Thérèse, que trazia os pratos do dia em viravoltas entre as mesas. Sua postura, sua estatura, sua força se revelavam assustadoras. Ela conseguia levantar as mesas sozinha, carregar pratos enormes sem esforço. Dava as ordens rindo. Peremptória e gentil ao mesmo tempo.

Minha paixão pela *ratatouille*, novidade culinária absoluta para mim, era sempre satisfeita. Saindo da mesa, eu tinha muitas vezes direito a um beijo estalado e autoritário. Eu gostava bastante, só teria preferido que ela não tingisse os cabelos tão de preto e que fizesse alguma coisa com o bigodinho que enfeava seu rosto.

Intuí que Thérèse era, de alguma maneira, o duplo de Jean-Louis. O que distinguia Jean-Louis, o que fazia dele um homem à parte, distinguia também Thérèse. Observando-a dia após dia, percebi que seus olhares quase nunca se voltavam para os homens, tratados com uma cortesia profissional, mas discreta. Intuí também que a singularidade de Thérèse era menos difícil de ser vivida; o que me foi confirmado negligentemente por minha mãe:

— Sim, é menos grave.

No primeiro verão, depois de alguns dias no hotel, decidimos nos mudar para um apartamento no boulevard Albert I.

Ele pertencia a uma senhora que chamávamos, entre nós, de general Dourakine:[3] tendo casado, na juventude, com um russo branco[4] de boa família, ela realmente

---

3   *Le Général Dourakine* é um romance infantil, de 1863, da Comtesse de Ségur. Sobre um general russo e que tratava brutalmente seus servos. [N.T.]

4   Os russos brancos eram opositores do regime soviético instalado a partir da revolução de 1917 que emigraram de seu país. [N.T.]

tinha um nome russo, que soava aristocrático e contrastava com seu aspecto de velha do sul em chinelas. Viúva, tinha comprado um grande apartamento de que locava ao menos a parte mais bem iluminada. Tínhamos então dois quartos, uma sala e um banheiro para nós; ela reservava para si obviamente seu quarto e a cozinha.

Mas por que então minha mãe, que ignorava qualquer disciplina, e que à época não tinha problemas de dinheiro, tinha escolhido viver com uma desconhecida tão difícil? Ainda mais que o general tinha outras esquisitices: um tique lhe deformava o rosto a cada três minutos, acompanhado de uma sonora inspiração nasal (que ouvíamos de longe); ela tinha também uma paixão obsessiva pela medicina natural, em particular pela fabricação artesanal de iogurtes. Havia uma técnica complexa e rigorosa que ela me explicava doutamente: fermentos por que zelar, temperatura do leite primeiro quente, depois morna, um tecido para cobrir os potes, prazos a serem respeitados para uma boa transformação.

Todos os dias o general Dourakine consagrava ao menos uma hora e meia à fabricação de seis iogurtes, que comia no dia seguinte.

A sua veneração por iogurtes naturais se acrescia àquela por alho, que supostamente a protegia de todos os males. E o cheiro intenso de três ou quatro dentes de alho preparados religiosamente se espalhava desde a aurora na cozinha e no corredor.

As manhãs de verão em Antibes eram gloriosas. Nós nos vestíamos rápido e escolhíamos entre três diferentes opções: Antibes, o Cabo ou Juan-les-Pins. Esse último era meu lugar preferido; pegávamos uma estrada, na época estreita e ladeada de flores e árvores perfumadas, que passava por cima do istmo: o Caminho das Areias. Eu me sentia invadir por sensações de felicidade e paz. De sandália, cabelos ao vento, às vezes cantando, chegávamos nas praias já muito civilizadas, mas ainda não ruidosas.

Foi em uma dessas praias que um dia ouvi atrás de mim dois homens falarem de minha mãe. Uma palavra bárbara ecoou. Por precaução, eu não a repeti para ela, quando saiu da água. Com um nó no estômago, fui obrigada a esperar a noite para poder verificar o sentido; eu repetia para mim essa palavra estranha várias vezes durante aquele dia para não esquecer.

Chegado o momento, fiquei tão aliviada que comecei a rir. Pois, sim, *tânagra*, apesar de sua sonoridade agressiva, não significava nada de vergonhoso ou insultante. Pois, sim, minha mãe era uma verdadeira *tânagra*: pequena, muito bem-feita, tinha a silhueta fina e as pernas longas. O acaso quis que esses homens, vendo-a pela primeira vez na vida, evocassem uma estatueta de mulher alexandrina datando de mais de um milênio. Eles tinham acertado em cheio.

Houve também, graças a meus pedidos insistentes, duas ou três peregrinações a Golfe-Juan. Com um Dauphine amarelo, carro bonito de formas arredondadas, pilotado de má vontade pela *tânagra* exasperada por ver se instalar meu culto ridículo a Napoleão. Eu, que normalmente aceitava tudo sem reagir, não cedia e exigia ser levada para o lugar onde o Imperador tinha desembarcado depois de seu exílio na ilha de Elba.

Eu descia do carro, tomava um ar inspirado e concentrado no mirante de Golfe-Juan. Tudo isso era só um cineminha íntimo sem importância: na realidade, se Bonaparte e suas campanhas da Itália e do Egito me fascinavam a ponto de eu dormir às vezes com o retrato do jovem general sob o travesseiro, tudo o que se seguia me interessava muito menos; à exceção da batalha de Austerlitz, sobre a qual eu sabia tanto que podia competir com qualquer outro fanático.

Lá pelo mês de setembro de não sei mais qual ano, meu pai veio nos encontrar. Ele voltava de um tour de «negócios» na Itália e deveria pegar o barco conosco em Gênova alguns dias mais tarde. Foi ouvindo uma conversa entre ele e minha mãe, nas mesas da calçada, talvez no restaurante de Thérèse, que compreendi que o francês deles, o nosso, não era falado do melhor modo. Não era o sotaque cantante do sul, que era o de quase todos os outros clientes nas mesas. Não era o sotaque parisiense que aprendi a reconhecer brincando na praia. Era um sotaque bem diferente, muito martelado, sonoro, vibrando os «r» com exagero. Às vezes palavras gregas ou italianas apareciam nas frases, às vezes uma expressão árabe. Nesse último caso, isso servia para sublinhar uma situação maluca, uma lembrança engraçada.

Não valia a pena sonhar com a França e pertencer a ela de coração para em seguida negligenciar a pronúncia correta de sua língua. Decidi que eu não falaria francês à oriental. Eu não.

Como por milagre, na retomada das aulas daquele ano todo mundo percebeu que eu tinha um sotaque perfeitamente francês. Meus pais também, mas eles não mostraram nenhum espanto.

De tempos em tempos eu me colocava questões sobre essa língua escolhida. Desde quando ela tinha entrado na minha família? O avô de meu pai, parece, tinha nascido em Constantinopla e casado com uma jovem nascida do outro lado do Bósforo. Como saber que língua eles falavam entre eles? Minha avó materna, muito ruiva e com a pele tão branca, me contava que era espanhola, nascida em Ceuta. Quando eu perguntava se ela falava espanhol, ela respondia: «Um pouco». Quando eu insistia para saber em que língua ela conversava com seus irmãos, ela respondia: «O francês»; mas com desdém, apressada para mudar de assunto.

Meu avô materno, morto pouco antes de eu nascer, tinha nascido em Bagdá de um pai anglo-indiano e de uma mãe indiana: será que eles falavam inglês entre si? Por que e quando eles abandonaram sua língua?

Em mais de uma ocasião, essas pesquisas não deram em nada. Eu não tinha os meios nem a convicção necessários para aprofundá-las.

Uma visita aos cemitérios (havia vários deles, um ao lado do outro, de cultos diferentes), na ocasião da morte de um tio, me fez abandonar qualquer pesquisa. O que poderíamos esperar de uma família que, mesmo em seus monumentos funerários, inscrevia, abaixo dos baixos-relevos floridos, elogios em várias línguas? Quando Henri virou Enrico ou Harry, e Filippo se chamou Phil, aquele mesmo que Rosa, sua esposa adorada e desolada, chamava de Fifi?

Ninguém acreditaria em nós em um salão de chá da Belle Époque, quando os Nelly, Loulou, Domi, Fifi, Gaby, Fred, Peggy, Nini se cumprimentassem entre uma mesa e outra. Esses diminutivos antiquados e intercambiáveis eram ainda outra maneira de ignorar as fronteiras das línguas e das nacionalidades. Aceitos nos documentos oficiais, eles eram encontrados em seguida, em um prolongamento lógico, gravados sobre as estelas de mármore branco do cemitério judeu, católico, ortodoxo ou aquele – tão alexandrino – dos «livres-pensadores».

Essas lembranças imperfeitas, essas reconstruções de histórias familiares com vagos contornos, essas narrativas, que não se contradiziam mas também não se confirmavam, me confortaram quanto a minha escolha: era preciso se apegar ao francês correta e sobriamente falado. As outras línguas não eram minha língua materna.

Fui escolarizada (essa palavra não era utilizada) no pensionato Nossa Senhora do Sion d'Alexandria, rua de Abuquir. Eu não era interna, mas semi-interna: eu almoçava na escola e um ônibus vermelho conduzido por um ogro risonho de tarbuche me levava de volta para casa no fim da tarde.

Um imenso jardim contornava um edifício alongado, de dois andares, com arcadas e janelas ogivais. Esse jardim ocupa um lugar importante nas minhas lembranças porque passei lá um grande número de horas. Lá, na parte mais densa e úmida, se encontravam camaleões de vez em quando; lembro de um pequeno, verde-escuro, cristado e com garras como um animal pré-histórico, virando os olhos à direita e à esquerda, projetando a língua de supetão, lento em seus movimentos como se estivesse um pouco drogado.

Sozinha, eu passeava e observava os formigueiros esperando que a hora do catecismo acabasse (as estudantes muçulmanas a chamavam de «a hora da moral»); eu era a única sem religião na minha classe, onde a cada

— 35 —

ano estudavam em torno de vinte filhas cristãs de confissões diversas e uma dezena de muçulmanas da boa burguesia egípcia. Provavelmente cansada dessas explorações solitárias, eu decidi me batizar aos nove ou dez anos e comecei a participar com o interesse intenso de neófita dessas aulas, sempre administradas com tato e sem autoritarismo.

As religiosas eram adoráveis, ao menos na minha memória. Liderando um rebanho numeroso de meninas, do maternal às últimas séries, pertencendo a comunidades e famílias muito diferentes, elas se prepararam para ter um humor equilibrado e imparcial. As faixas de honra e os prêmios de desempenho eram distribuídos com uma tal largueza que não podiam provocar ciúmes. Os professores eram escolhidos pela madre superiora com um instinto seguro. Eles não me deixaram nenhuma impressão desagradável.

Por volta dos catorze anos, graças a uma professora não muito bonita, mas com um olhar profundo, abordamos a literatura grega. Homero. Ela tinha decidido nos fazer ler a *Ilíada* na classe. Logo de início ela nos explicou que esse poema só relatava um episódio da guerra de Troia, o da cólera de Aquiles; insistiu bastante: unidade de tempo e lugar, em frente às muralhas de Troia durante cinquenta dias; deveríamos dedicar um caderno ao resumo dos cantos, ao estudo das personagens, às célebres comparações (ela dava bastante importância para isso), aos deuses e à mitologia.

O primeiro canto me perturbou; eu achava essa história de Aquiles muito audaciosa, por decidir bater em retirada porque Agamemnon tinha levado sua escrava preferida; e tudo isso lido em voz alta em frente a uma classe de adolescentes. Homero nos contava então que um homem poderia ficar louco de dor e raiva porque um companheiro de guerra obrigou uma mulher jovem e bonita a sair de sua cama. Aquiles «em lágrimas» pede socorro a sua mãe e aos deuses; a bela cativa Briseida o deixava «de má vontade», enviada para a tenda de outro rei. Um pouco incomodada, tinha vontade de fazer chacota, mas ninguém me seguiu.

O segundo canto me paralisou. Nossa professora tinha dito, na verdade, que não era obrigatório lê-lo inteiro: ele era considerado tedioso. Era uma litania das forças ali presentes, habitualmente chamada de «o catálogo dos navios». Quanto a mim, eu o li inteiro, por curiosidade e apesar das advertências, porque se tratava de guerra e de barcos.

Ainda hoje a beleza dessa enumeração de tribos, chefes guerreiros, localidades, à qual se juntava sempre o número de barcos pertencendo a cada contingente, me deixa sem voz. A força que se transmite através dos séculos por essa lista de nomes tem, tenho certeza, alguma coisa de miraculoso. Pela primeira vez, compreendi que a poesia poderia dizer tudo. A arte tinha o dever de se permitir tudo. Ser nomeado por um poeta valia um passe livre para a eternidade.

> Os que eram senhores de Argos e de Tirinto amuralhada, de Hermione e de Ásina recortadas pela baía funda; Trezena e Eíonas e Epidauro cheio de vinhas, senhores de Egina e de Mases, mancebos dos Aqueus: deles era comandante Diomedes, excelente em auxílio, e Estênelo [...] Mas a todos eles comandava Diomedes, excelente em auxílio, e com eles seguiam escuras naus em número de oitenta [...]

> E Ulisses comandava os magnânimos Cefalênios, que habitavam Ítaca e o Nériton coberto de árvores agitadas pelo vento, senhores da Crocileia e da áspera Egílipe, que detinham Zacinto e habitavam Samos, [...]: destes era comandante Ulisses, igual de Zeus no conselho. Com ele seguiam doze naus de rebordos vermelhos.[5]

E era assim por centenas de versos, intermináveis créditos de um filme, ao mesmo tempo variegado e austero. Com aplicação, eu organizei um quadro dos contingentes, de seus comandantes e dos navios; revejo ainda a expressão de nossa pobre professora, que não sabia o que pensar desse zelo imprevisto.

---

5   Trechos do Canto II, in Homero, *Ilíada*. Trad. Frederico Lourenço. São Paulo: Companhia das Letras, 2013. [N. T.]

A *Odisseia*, estudada com cuidado no ano seguinte, não me causou tanto efeito. Sua leitura apaixonou e divertiu toda a classe, mas a narrativa me pareceu muito mais próxima das *Mil e uma noites*, muito mais «oriental», com seus episódios ardilosos e rocambolescos, Calipso e Nausícaa, o Ciclope e o retorno para Ítaca. Nada a ver com a força da *Ilíada*, que contava a vida, a morte, a amizade e o destino. Onde se dizia que os vencedores não eram melhores que os vencidos, onde a natureza estava presente, onde os animais participavam do destino dos homens (como não se sobressaltar durante a narrativa dos cavalos de Pátroclo, longe da batalha, chorando a morte de seu mestre?).

Os meses em que trabalhamos na *Ilíada* são os únicos de que tenho uma lembrança precisa, os únicos em que me senti transportada por um fervor contagioso. Três ou quatro colegas minhas partilhavam da mesma opinião que eu; tentamos algumas adaptações pseudoteatrais no jardim, nas horas de recreio, às vezes de brincadeira trocávamos alguns insultos homéricos, tirados do poema, mas tudo isso não foi muito longe.

Afinal, éramos meninas, já começavam a me lembrar disso.

O momento fatídico em que «uma menininha se torna uma mulher», segundo a expressão tola usada por uma de minhas tias, aconteceu no verão dos meus catorze anos, em Antibes. Eu tinha sido vagamente informada, mas esse fluxo de sangue me pareceu uma catástrofe mais grave do que eu tinha imaginado.

Como suportar tal constrangimento por toda a vida? Na época se desaconselhava até mesmo o banho; toda a praia poderia adivinhar o que obrigava a menina amuada a ficar sentada sob o guarda-sol. A vergonha se juntava à raiva. Tinham muitas vezes me dito que era assim para todas as mulheres, era preciso, se não ficar orgulhosa, ao menos aceitar com fatalismo: eu estava simplesmente furiosa.

Havia tal contradição entre meus gostos, meus sonhos e esses entraves que eu experimentava um sentimento de revolta.

De forma surpreendente, o único que tentou me consolar, a sua maneira, foi meu pai. Esse homem doce e pudico, com olhos azuis, não muito grande, mas elegante, acariciava minha mão em silêncio. Evitou com prudência as expressões que costumava usar para falar de mim a seus amigos.

— É um menino frustrado, mas será uma mulher de sucesso.

Ou ainda:

— Tenho certeza de que ela sempre vai conseguir se virar.

Ele organizou um passeio de barco, só para nós dois, depois do cair do sol, para pescarmos polvos e lulas com lampião. Descalça, de shorts e pulôver azul-marinho, na umidade da noite, senti um impulso de gratidão.

A primavera e o verão de 1956 foram marcados por uma tensão difusa. Durante os levantes de 1952, houve episódios atrozes de incêndios em hotéis no Cairo; em seguida a vida cotidiana foi retomada mais ou menos como antes. Mas todo mundo, e não somente os adultos, tinha compreendido que alguma coisa ia acontecer. Famílias inteiras começavam a fazer as malas naquele ano, desde janeiro ou fevereiro. Eu não seria mais a única a deixar a escola antes do fim do terceiro trimestre. Ouvíamos frases estúpidas ou fanfarronas:

— Sim, vamos para a Austrália, mas vocês vão nos visitar durante as férias.

— Nós vamos para o Canadá, parece que é muito bonito.

Margueritte Azzoppardi ia para Malta, Pierrette Zaccour, para Beirute, Marlène Andrawos, para Zurique, as irmãs Haneuse, para Marselha, os Benachi, para Atenas, os Pinto, para Nova York ou para Milão de modo geral, Cléa Badaro, para Creta, as três irmãs de minha mãe, para a Austrália (façanha suplementar: para três cidades diferentes), os Terni, para Roma, meu primo querido, para Hong Kong.

Minha mãe decidiu que pensaríamos nisso no outono, mas no momento era melhor ir de férias para Roma. Era bom por causa da exposição prevista para maio e seria bom também para o meu italiano (muito primário: só falávamos com Gioconda, vinda do Friul para ajudar em casa, semianalfabeta e sempre enfiada na igreja).

Esqueci de dizer que minha mãe *tânagra* tinha se transformado em uma artista renomada. Sua escultura e seus desenhos eram expostos e vendidos na galeria Breteau, em Paris, e ela representava o Egito nas Bienais de Veneza. Nas críticas, a maior parte das vezes muito elogiosas, aproximavam seu talento do de Zadkine ou de Germaine Richier. Tinha um desenho vigoroso; seus nus femininos e masculinos eram audaciosos e se via ali um humor incisivo. Tenho um ou dois bronzes, que suportaram bem os últimos sessenta anos, e centenas de desenhos, retratos e nus; eles revelam um conhecimento profundo do corpo humano e um olhar seguro, intrépido.

A travessia do Mediterrâneo na primavera de 1956 foi muito emocionante. Fui posta a par de um segredo: nós duas enfrentaríamos as leis e os oficiais da alfândega. Meu pai, deixado ao pé do portaló para embarcar a bordo do *Esperia*, mostrava em seu rosto todos os traços da inquietação e do descontentamento. Eu achava que minha mãe exagerava na indiferença coquete, abrindo suas malas antes que lhe pedissem, sorrindo como uma bela passageira já de férias. Para compensar, eu me mantinha no papel de adolescente séria.

Eu carregava comigo, escondidos nas dobras de um casaco listrado, três envelopes de libras egípcias. Minha mãe tinha dividido os seus, mais numerosos, em esconderijos cuidadosamente escolhidos. Não era a primeira vez que eu percebia (eu teria várias outras ocasiões para constatar isso ao longo dos anos seguintes) a que ponto as transgressões à lei, às regras internas dos estabelecimentos, às práticas bancárias ou postais a encantavam e a colocavam em um bom humor durável e contagioso.

A inspeção dos funcionários da alfândega do porto, além de tudo cansados e tolerantes, se fez sem dificuldade. Eu pensava em meu pai inquieto: tentava lhe fazer um sinal de vitória do alto do convés. Tarde demais, ele tinha partido.

Essa soma considerável de dinheiro, que a nossos olhos era no entanto necessariamente flutuante e imprecisa, deveria ser usada para comprar um apartamento em Roma, onde provavelmente iríamos aterrissar no dia em que deixássemos Alexandria para sempre. Por que Roma? Aos olhos de minha mãe, a escolha era evidente: por causa de nosso passaporte italiano e das relações de negócios de meu pai. Que nosso italiano fosse absolutamente rudimentar, que fosse preciso encontrar uma solução para meus estudos interrompidos, que não tivéssemos conhecidos em Roma — essas objeções não tinham lugar. A exposição geraria interesse, teríamos a ocasião de conhecer pessoas; quanto à escola, bastava se informar, deveria haver religiosas de Nossa Senhora do Sion em todo lugar.

A travessia foi muito bonita. Estávamos na segunda classe; bem menos confortável que a primeira, tinha sido escolhida provavelmente para que ficássemos entre os menos ricos, portanto menos suspeitos de tráficos... Ouvíamos os barulhos das máquinas. Esse barulho que não se ouve mais nos barcos de hoje me fazia pensar em um grande coração com ritmo regular, tão reconfortante para mim, escandindo o tempo.

Em Roma, pegamos um quarto na Pensione Pinciana, no alto da via Veneto. Nós já tínhamos ficado lá quando eu era criança; bastava atravessar duas ruas e chegávamos ao parque do Monte Pincio; bastava descer, pegando a calçada da direita, para ver a nossos pés a via Veneto se estender em todo seu esplendor, larga, ondulante, tão animada. A cidade nadava na efervescência ingênua do pós-guerra. Era a capital do cinema, era a capital dos americanos libertadores. Via Veneto tinha o hábito das aglomerações em torno de Cadillacs dourados ou de estrelas maquiadas como ídolos pagãos que, em um bulício de admiradores, saíam para jantar em mesas nas calçadas com vista para as ruínas.

A princesa e o plebeu, com Audrey Hepburn e Gregory Peck, inteiramente filmado em Roma, tinha feito barulho dois anos antes e contribuído para cauterizar as feridas do amor-próprio de uma cidade humilhada pela ocupação alemã. A cidade inteira tinha se apaixonado pelos dois atores. Mas não eram jovens à la Audrey Hepburn que andavam pelas ruas. O sucesso das duas rivais Gina Lollobrigida e Sophia Loren, que faziam um filme atrás do outro, tinha marcado a moda, os costumes, a cidade, o país inteiro. As meninas tinham aprendido a lançar olhares oblíquos negros e aveludados como Gina; tinham saias que se erguiam sobre belas pernas finas e musculosas como Sophia. Quanto aos rapazes, Vittorio De Sica era seu modelo: um machão sentimental com dentes reluzentes.

A presença constante de padres e freiras passeando em grupos nas ruas do centro não atenuava uma atmosfera muito particular, muito pelo contrário. Apesar de estar muito pouco a par das coisas do sexo, eu era mais observadora, como são frequentemente os filhos únicos. Sentia a cidade inteira invadida por um ímpeto de sensualidade. E a densidade de Ginas e de Sophias em vestidos decotados, sorridentes e provocantes, instalava um ambiente que, ainda que fosse divertido, me parecia, sobretudo ao fim do dia, na luz clara do poente, particularmente quente.

Ainda hoje Roma se parece com os quadros que Corot pintou dela; ela é inclusive uma das muito poucas capitais cujas ruas e praças são reconhecidas sem dificuldade nas salas de museus consagradas a paisagistas do século XIX. A cor rosa amarelada das paredes de Corot era a mesma que banhava a cidade naquele ano. E a agitação das Vespas não perturbava sua grande beleza.

Nesse mês de maio, os intelectuais ocupavam todas as mesas dos dois cafés opostos da piazza del Popolo; desde o cappuccino da manhã até a hora do jantar, as conversas iam voando do comunismo (assunto de discursos acompanhados de gestos amplos) à arte poética ou cinematográfica... e aos divórcios.

No que concerne ao comunismo, as discussões se impregnavam de um espírito colorido de má-fé. Nossos amigos esperavam, diante de um copo de Campari, que o advento do comunismo na Europa fosse acompanhado de uma justiça universal. Todos os que intervinham nessas discussões tinham sua carteira do Partido. Só Elsa Morante, minha mãe me contou, passou uma noite por ali e desafiou o bate-boca. «O Stálin de vocês não vale mais que Hitler!» Ela não se sentou, foi-se embora com seu ar arisco e indignado.

O cinema, sua criatividade crescente, ocupava outra parte das conversas, e no seu centro se encontrava a figura de Fellini. Gênio para a maioria, meio gênio para os outros que encontravam nele alguns bemóis. Eu tinha visto *La Strada* e me desmanchado em lágrimas.

Veria mais tarde *La Dolce Vita* e o filme confirmaria, de maneira caricatural, a justeza de minha intuição sobre o despertar sensual e sexual dessa cidade que tinha enfrentado um tipo de sono forçado e contra a natureza durante os anos do fascismo pequeno-burguês.

Quanto à obsessão pelo divórcio, ela se mostrava impressionante. Como o divórcio não estava previsto no Código Civil, os romanos de posses se divorciavam a sua maneira: do minúsculo observatório que me era dado, eu tinha a impressão de que boa parte das pessoas que encontrávamos estava metade do tempo ocupada com os procedimentos que visavam fazer a Sacra Rota (o tribunal do Vaticano encarregado desse tipo de questão) constatar um casamento não consumado ou invalidado por vícios de consentimento. Ninguém parecia se espantar demais com esses pais de três filhos que se declaravam impotentes desde a puberdade, com essas mulheres prontas para testemunhar que tinham sido ameaçadas de morte por sua própria família antes de serem conduzidas de vestido branco e véu até o altar.

As peripécias ligadas à compra de nosso imóvel foram bem complicadas, mas podem ser resumidas: o dinheiro que tínhamos tão brilhantemente transferido para a Europa não era suficiente para comprar um apartamento no centro de Roma, com sacada, se possível, como tínhamos imaginado. Também não era suficiente para comprar um apartamento nos bairros burgueses como o Parioli, onde se instalava a nova burguesia dos *palazzinari* (construtores de *palazzine*, os pequenos imóveis que cresciam como cogumelos) e dos *cinematografari* (trabalhadores de todos os níveis da florescente indústria do cinema).

Foi um desses *palazzinari* que encontrou o apartamento que correspondia à soma que possuíamos: um de dois quartos, novo, com um banheiro grande e uma cozinha, em um imóvel que acabara de ser construído. Ficava na viale Adriatico, do outro lado do Aniene, o pequeno afluente do Tibre, bem no fim da via Nomentana. Não me atrevo a classificar de periferia esse bairro, que era então um canteiro de obras, já que essa palavra tem agora um sentido muito diferente daquele que lhe convinha então. Era, dependendo do ponto de vista, o fim da cidade ou o seu começo, digamos: a borda. Começando perto da ponte do Aniene, nossa rua, recentemente pavimentada e dignamente classificada de avenida, terminava seu percurso nas pastagens esburacadas de uma colina árida, onde de manhã cedo rebanhos de cabras faziam ouvir seus sininhos. Como tudo é relativo, os jovens pastores que vigiavam esses rebanhos paravam com o olhar estupefato, a boca entreaberta, cheios de admiração e inveja diante da beleza de nosso pequeno imóvel novo em folha com sacadas pintadas de azul.

A instalação não demorou. Alguns dias mais tarde, surgida não sei de onde, Gioconda tomava posse de um sofá-cama na sala e começava a cuidar de nós, com seu olho esquerdo meio fechado, como se tudo isso fosse normal.

Ela nos amava. Não sei mais onde nem como minha mãe a encontrara um ano e meio antes e por que ela tinha, sem hesitar, pagado a sua viagem para Alexandria e, alguns meses mais tarde, a volta para a Itália. Querida Gioconda, tão confiante que desembarcou um dia em uma grande cidade do Oriente Médio cuja existência ignorava. Com a bondade dos simples de espírito (pelo que entendemos, ainda criança ela tinha caído de cabeça de uma aveleira), ela se fez aceitar sem dificuldade por Mohammed e pelas pessoas que trabalhavam na casa. Quanto a nossa corte de mendigos, é dizer pouco que era uma entusiasta; acho que ela pensava ter milagrosamente retornado às narrativas dos Evangelhos ouvidos durante as missas diárias a que assistia. Meu pai um dia teve com ela uma conversa sobre isso. Ele tentou fazê-la compreender que ela estava absolutamente autorizada a abraçar os mendigos se eles assim o quisessem, mas que eles não eram leprosos e que a lepra tinha sido erradicada do Egito.

Instalada na viale Adriatico, com a perspectiva de ir um dia dar uma volta no Vaticano, talvez até mesmo ver o papa, ela estava radiante; sem perder tempo, tinha arrumado nossas coisas, garantido a organização e permitido a minha mãe ocupar-se com sua exposição.

O vernissage foi um sucesso. Pericle Fazzini, escultor em voga que tínhamos conhecido na Bienal de Veneza, com um ateliê bastante frequentado atrás da via del Babuino, tinha reunido bastante gente; ele declarava sem restrições que minha mãe tinha um grande talento. Intrigado com nossa dupla mãe-filha, naturalmente generoso e inquieto, ele multiplicava opiniões sobre uma grande quantidade de questões práticas. Suas mãos gordas giravam de modo ameaçador acompanhando os conselhos mais amáveis. Graças a ele nossa vida ficou mais fácil, e os restaurantes, as lojas, os lugares que frequentávamos eram os que ele tinha escolhido. Descrevia seus concidadãos como grandes escroques e grandes trapaceiros: nisso também suas advertências foram úteis, ao menos para mim, pois minha mãe me dava a impressão, como sempre, de seguir antes de tudo sua estrela.

Acho que me lembro que a maior parte das esculturas e todos os desenhos expostos foram vendidos durante os quinze dias da exposição. Metade do dinheiro ganho foi depositada em um banco, recomendado também por Fazzini, em uma conta aberta em nossos nomes (eu era menor, portanto isso não tinha consequência, mas o gesto me tocou); uma parte foi dada para Gioconda, que a colocou sob o colchão; a última parte serviu para comprar um charmoso Fiat Seicento verde-oliva, que usávamos para explorar os arredores, particularmente as praias.

Fregene e Ostia, muito diferentes uma da outra, eram as mais concorridas da época; e nós as frequentávamos alternadamente.

Popular e barulhenta, Ostia, onde a atividade principal, além do banho de mar, consistia em grandes banquetes ao ar livre, me fez conhecer os hábitos familiares italianos da época com mães ocupadas em chamar seus filhos sem parar. Uma melopeia se levantava de espreguiçadeiras, interrompida de vez em quando por gritos agudos.

Fregene era menos e mais bem frequentada, um bosque de pinheiros perfumava o ar, e jogávamos tamboréu à sombra depois de cair na água; havia durante a semana principalmente avós chiques que vigiavam as crianças atormentando-as muito menos do que em Ostia. Uma delas nos contou seus problemas de dinheiro: ela tinha decidido ajudar o filho a se «divorciar» (decididamente...) e os advogados custavam muito caro. Os procedimentos de anulação de casamento eram longos, mas no caso de seu filho eles se mostraram providenciais, um verdadeiro dom do Senhor: ele não se casou com a jovem que o levara a percorrer esse caminho de luta; ao fim de três anos, ele se casou com uma outra que a sogra apreciava muito mais. Eu ainda a ouço dizer, em um tom sério-cômico:

— *Questa è molto più carina.* Essa é muito mais bonita.

Eu deduzia disso que as mães romanas, em acordo com o bom Deus, tinham tendência a se envolver em tudo que concernia a seus filhos, divórcio e novos casamentos incluídos.

Voltávamos para Roma no final da tarde por uma estrada muito movimentada; a água do radiador frequentemente fervia, mas eu sabia o que fazer: encostávamos, eu descia, abria a tampa do motor, acrescentava água com uma facilidade de especialista, esperávamos dez minutos, em seguida partíamos novamente para a cidade.

Todas as coisas acabaram dando certo em nossas «férias romanas». Agora estava tudo pronto para construirmos uma vida nova.

As notícias do Egito não eram muito boas.

Em 26 de julho de 1956, Nasser deveria fazer em Alexandria um grande discurso fundador que proclamaria a nacionalização do canal de Suez.

Nesse dia, diante de uma multidão em delírio, ele desenvolveu seu programa de emancipação de qualquer influência ocidental e de aproximação com a União Soviética.

Nesse dia, ele se apresentou como chefe de Estado do mundo árabe.

Nesse dia, terminou de maneira oficial a anomalia, tão frágil, constituída pela sociedade cosmopolita alexandrina: «Quando vencemos a resistência do imperialismo, o ocupante percebeu que não podia mais ficar em uma terra onde estaria cercado de inimigos... Quem fez de vocês nossos tutores? Quem pediu que se ocupassem de nossos negócios?».

Nossa partida se deu previamente a esse momento.

Alguns dias antes, alarmados pelo que meu pai deixava transparecer nas cartas de tom prudente, mas triste, pegamos o barco em Nápoles. Três noites depois, avisado por telegrama, ele nos esperava no cais, cansado pelo calor, pela umidade e angústia. A sociedade de que ele fazia parte enfrentava uma infinidade de dificuldades, a atmosfera tinha se deteriorado, ocorreram denúncias, acusações de corrupção, prisões, sentia-se aumentar a hostilidade contra os estrangeiros, seus negócios, seus protegidos.

— Tudo pode pegar fogo rápido, como uma caixa de fósforos.

Ele repetiu duas vezes «uma caixa de fósforos».

Em casa, apenas Mohammed nos esperava. Todos os outros, incluindo os mendigos, tinham se volatilizado. Acredito que meu pai, para lhes evitar aborrecimentos, os tinha afastado e tinha realocado alguns. Tinha também comprado três passagens para partir no fim da semana. Sem muita bagagem, ele recomendou, não era preciso dar a impressão de que deixávamos definitivamente o país; seria inoportuno e perigoso. As bagagens foram rapidamente fechadas. Em silêncio.

Na manhã da partida, Mohammed, sempre tão pouco falante, veio se sentar em meu quarto. Contou-me episódios da minha primeira infância; queria que eu levasse um pouco do que vivemos, ele e eu. Falou do peru que tinham nos oferecido para a Páscoa no ano em que meu pai tinha voltado do delta depois da guerra; esse peru enorme que cabriolava na área de serviço e me dava tanto medo; eu gritei: «Mohammed, socorro, um dragão, um dragão!», pulando em seus braços. Ele narrou a cólera de meus pais quando perceberam que tínhamos picado a salsinha com uma meia-lua bem afiada sobre um ícone bizantino do século XVIII. E quando, no primeiro dia da escola, eu não quis subir no ônibus sem ele, e que ele me acompanhou, muito orgulhoso, até o Nossa Senhora do Sion. E quando um policial tinha subido e tocado em nosso andar porque tinham visto uma menininha usar uma pistola d'água durante toda a tarde para molhar os passantes; ele disse para o policial: «Claro que há uma menininha aqui: veja como ela é bem-educada, ela lê o dia todo». E quando minha avó tinha me comparado a uma rosa, e ele disse: «Não, Nonnitza, é uma criança daqui, é um jasmim do Egito».

E quando nossa cachorra tinha dado à luz sete bastardos úmidos e desorientados no armário de vassouras; e a babá ficou com um ar enojado... aliás, ele resmungava, as babás nunca souberam bem para que serviam...

Mas ele se demorou sobretudo na minha história preferida, a de minha difteria. Eu tinha cinco anos. Ele me contou de novo os dias de febre, de delírio; contou de novo que tinha decidido se deitar atravessado na minha porta para intervir caso eu sufocasse; e todas as manhãs, quando o burro do fim da rua se punha a zurrar, ele me dizia: «Acorde, acorde, seu irmão está chamando». No dia em que finalmente eu comecei a rir na minha cama de doente, ouvindo os zurros de meu irmão burro, só nesse dia, ele achou que eu tinha sarado.

Depois ele beijou a palma de minha mão. «Que Deus te proteja.»

Um carro nos levou até o porto.

Foi nossa última travessia. Eu mesma colocaria os pés de novo no Egito algumas décadas mais tarde. Mas eles, o doce «Italiano» louro de olhos azuis e a bela «Anglo-indiana» morena de olhos muito escuros, jamais veriam seu país de novo.

Tenho certeza de que eles sabiam: nenhuma ilusão de retorno ou recomeço atravessava seus espíritos. Eles não tinham trazido quase nada de sua vida anterior, as três malas estavam cheias de objetos sem valor, escolhidos pelo critério das prioridades pessoais de minha mãe.

No segundo dia, em pleno mar, meu pai anunciou que já tinha encontrado um trabalho na Itália, com alguns conhecidos de um de seus empregados em Alexandria. Era bom, ele dizia; poderia começar já, mesmo sendo início de julho. Era em Milão.

Houve um pequeno silêncio. Não sabíamos bem onde ficava Milão. No norte, não é? E a casa da viale Adriatico em Roma?

Um leve suspiro:

— É certamente um bom investimento.

Um bom investimento! Nem mesmo o *palazzinaro* charmoso e astuto que nos tinha vendido a casa teria ousado chamá-la disso. Um bom investimento, a casa na *palazzina* que naquele momento dava para a colina e os rebanhos de cabras, mas que iria, sem muita demora, ficar cercada por outros pequenos imóveis construídos no corre-corre. Meu pai precisava tentar nos tranquilizar...

Mesmo durante as travessias de verão, as mais tranquilas, o mar Egeu podia se revelar agitado. Nós amávamos isso, meu pai e eu, a gente olhava sem se cansar as ondas se formarem, a espuma branquear o mar. Foi em uma espreguiçadeira de madeira, úmida do orvalho porque era manhã, que ele me deu seu exemplar em inglês de *Os sete pilares da sabedoria*. Um livro grosso encadernado em tecido azul-claro; Jonathan Cape, edição revista de 1955. Ainda está em minha biblioteca.

Comecei a ler no último dia de navegação. Que tom estranho para um escritor inglês: a ênfase na escolha dos adjetivos, a força das imagens, as alusões à pequena e à grande história, a precisão das paisagens, do vento, dos uádis, dos solos pedregosos e de areia, dos arbustos espinhosos ou das acácias. E ainda: o tom misterioso que tingia os diálogos indiretos, o poema exaltado na abertura, a descrição minuciosa das armas e dos explosivos, a foto extraordinária da entrada de Damasco com as cabeças de cavalos, focinho contra focinho, na desordem e na poeira. Eu sentia que esse livro era marcante; ele contava uma ideia, um sonho; e esse sonho tinha fracassado. Era a narrativa de um amor insensato por uma terra que não era mais a do autor. A história que também não era a da nação à qual pertencia o escritor-soldado. Lawrence era alguém ilegítimo para tratar de seu governo, como para comandar os povos em revolta contra o Império Otomano. Ele tinha escolhido ter dois mestres: Allenby e a coroa britânica e Fayçal e as tribos árabes. Um equilíbrio insustentável, uma existência dedicada ao esforço extremo.

Eu sei quantos elementos perturbam hoje sua imagem: a homossexualidade, o suposto papel de espião, o desejo de expiação, a vergonha, a morte estranha. Tudo isso foi contado alguns anos mais tarde por um filme de grande impacto, que tornou a sua figura popular e um pouco estereotipada, muito psicanalisada e às vezes kitsch. Mas acho que entendi o nó dessa história naquele mesmo dia no mar. Um soldado, não muito graduado e pouco submisso à disciplina militar, que amava arqueologia e tremia de emoção levantando a topografia dos castelos do Oriente, tinha tentado remodelar uma parte do mundo. E na mesma ocasião aproveita para inventar para si um grande destino: «Nestas páginas a história não é a do movimento árabe, mas a minha história nele. É uma narrativa da vida cotidiana, acontecimentos ordinários, pessoas comuns... Está repleta de coisas banais [...] e do prazer que tive de evocar a camaradagem e a revolta. Gostávamos de estar juntos, por causa da amplidão dos espaços abertos, do gosto dos ventos fortes, da luz do sol e das esperanças com que trabalhávamos. O frescor moral de um mundo por nascer nos embriagava. Estávamos envolvidos por ideias inexpressíveis e vaporosas, mas pelas quais valia a pena lutar. Vivemos muitas vidas no turbilhão das campanhas, sem nunca nos pouparmos...».

No fundo, me pareceu, não havia diferença em relação à ação de Bonaparte nas campanhas do Egito e da Itália. Exceto uma: quase um século tinha se passado entre as duas, e talvez o século xx não desse mais lugar às epopeias individuais.

Eu pensava em mim e me desolava; o que é que eu poderia fazer, agora. Essa identificação tem algo de cômico e muito deslocado, tenho plena consciência disso. Mas é permitido a todo mundo identificar-se com um sonho, isso ocupa o tempo dos interstícios, tão difícil de definir, aquele em que cremos que muitas coisas ainda são possíveis. Os períodos de ruptura, dando a ilusão de que felicidade e infelicidade, sorte e imprevisibilidade se misturam como cartas e que o jogo vai talvez se abrir, afastam da realidade e precipitam na direção de «ideias inexprimíveis e vaporosas».

Lawrence ocupou de tal forma meu espírito no fim dessa viagem divisora de águas que não lembro mais o que se passou entre a entrada do porto de Gênova e a chegada a Milão, em um hotel atrás do Duomo que se chamava Albergo Rosa.

Era naturalmente apenas uma etapa antes de encontrarmos um apartamento para alugar, mas uma etapa bastante difícil. O quarto era pequeno para três, não podíamos abrir nossas malas; o proprietário tinha instalado um sistema astucioso para que seus clientes não gastassem eletricidade: quando acendíamos a luz central, a lâmpada da mesa de cabeceira se apagava. Era horrível; em pleno mês de julho, a única janela dava para um pequeno pátio, refúgio de pombos horríveis, e havia muito pouca luz.

Paralisadas por uma timidez apática, sozinhas durante o dia, quando meu pai nos deixava por seu novo trabalho, minha mãe e eu ficávamos andando de um lado para o outro. Milão sempre foi um inferno úmido em pleno verão; seria preciso, apesar de tudo, se mexer, encontrar um lugar para morar.

Nos primeiros dias saímos pouco de nosso antro. Eu continuava a ler o *Sete pilares*. O estetismo das descrições não me aborrecia nada. Eu pensava que tinha visto, eu também, a aurora violeta sobre o deserto, eu conhecia o silêncio mineral das paisagens de pedras, o barulho do vento nos grandes espaços, a lida complicada com os camelos e os dromedários para poder repousar. «... Os camelos olhando para baixo examinavam o chão, com um dos pés, à procura de lugar macio; depois, o baque surdo do súbito afrouxamento do corpo, quando os animais caíam sobre suas pernas dianteiras...»[6]

Foi de minha mãe que veio o sobressalto.

Uma manhã, ela desdobrou sobre a cama o mapa da

6   T. E. Lawrence, *Os sete pilares da sabedoria*. Trad. C Machado. 7ª ed. Rio de Janeiro: Record, 2015. [N. T.]

cidade onde deveríamos morar a partir de então. Pendurou seu anel de brasão com rubis quadrados, sua única joia, em um pequeno cordão.

— Você vai ver, o pêndulo nos dirá onde está nosso novo apartamento.

O pêndulo ficou imóvel no centro, no alto, à direita, embaixo, se agitou um pouco à esquerda. Depois o movimento se acentuou, alegremente. Um risco de lápis triunfante contornou um setor do mapa, três ou quatro ruas.

— Encontramos. Vamos lá.

Para minha grande estupefação, a busca do apartamento se concluiu naquele dia; graças ao pêndulo, a nossa mudança já foi possível na semana seguinte.

Essa pirueta de feiticeira corajosa, essa bravata insolente e desesperada, colocou fim, simbolicamente, a uma época da vida de minha mãe e da minha.

FIM DA MANHÃ

Extensão do desastre.

Considerável.

Ninguém estava lá para nos ouvir, julgar ou encorajar, mas, se precisássemos explicar nosso caso a um terceiro em busca de conselho, estaríamos, antes de qualquer coisa, obrigados a nos apresentar. Vejamos o que se poderia dizer sobre a pequena família recém--chegada a Milão:

O pai. Cinquenta anos. Sem religião. Ex-gerente de uma sociedade familiar de importação e exportação; homem de negócios arruinado; fala e escreve em quatro línguas (francês, italiano, inglês, árabe). Expert da Bolsa de algodão de Alexandria. *Scratch* há vários anos nos torneios homologados de golfe (o que quer dizer sem *handicap*, portanto campeão internacional). Campeão do Egito cinco anos consecutivos de regatas de dinghy 12' (um pequeno veleiro com casco de madeira, muito rápido e elegante). Ótimo pescador de grandes peixes.

A mãe. Quarenta e um anos. Sem religião. Escultora bastante conhecida na Europa, um «valor em ascensão».

Fala e escreve francês; fala outras línguas: grego e italiano. Muito boa nadadora; destaca-se no estilo costas. Grande aptidão e resistência na condução de veículos off-road.

A filha. Dezessete anos e meio. Católica. Estudos interrompidos um ano antes de completar o Ensino Médio. Fala e escreve francês e árabe; outras línguas faladas: italiano, inglês e grego. Leitora onívora. Boa nadadora. Conhecimentos e paixões pouco usuais para uma jovem. Considerada engenhosa pelos pais.

Quando um grupo de animais ou humanos está deslocado, as capacidades de adaptação desses recém--chegados a um habitat contam bastante para o sucesso da integração; mas eles ainda devem ter algum conhecimento sobre as expectativas desse novo meio. Nesse domínio nós estávamos sem informações, realmente desarmados. Não conhecíamos nem a cidade, nem os códigos, nem ninguém. O que, ao longo de nossa vida anterior, causava efeito sobre o círculo mais próximo agora não servia mais para grandes coisas.

Não havia mais a probabilidade de que meus pais contassem vantagem sobre suas proezas, mas, de qualquer modo, se eles tivessem tentado, para levantar sua moral em alguns encontros ocasionais, suas proposições teriam sido incompreendidas ou ridicularizadas. Suas origens eram muito difíceis de explicar: se eles tentassem dizer de onde vinham e por quê, teriam suscitado estupor, um passo para trás, um pouco de piedade.

Era melhor aceitar a realidade: estávamos pouco adaptados a uma cidade longe do litoral e com clima muito continental; bastante austera, ela tinha se formado à época sob a bandeira do trabalho, do dinheiro e dos valores familiares.

A mais forte, regra universal, se revelava a mais frágil. Minha mãe, que poderia conduzir um Jeep nas montanhas do Afeganistão, era incapaz de fazer as compras corretamente. Nas primeiras semanas, a hora das refeições da noite eram para ela (e para nós) uma provação inédita. Tínhamos compreendido muito rápido que, se os jantares eram sempre frios – piqueniques organizados com originalidade, apesar de tudo –, era porque minha mãe não sabia usar o fogão. Como certos iletrados tentam esconder sua ignorância, ela não queria confessar que a sucessão de gestos que permitiam acender o fogo sob uma panela lhe era totalmente estranha. Esperava que um de nós o fizesse.

— Ah, sim, poderia ter esquentado... boa ideia.

Um dia, com precaução, chamei-a de lado e expliquei o que era preciso fazer, mostrando duas ou três vezes; nessa noite ela não disse nada, mas foi se deitar muito cedo. Talvez tenha sido a partir desse episódio que ela largou tudo.

Setembro, o mês das inscrições na escola, tinha começado. Eu precisava fazer alguma coisa. Havia um liceu a cem metros de casa e eu tentei marcar um horário. A inscrição de uma menina sem diploma, sem atestados e, no momento, sem certificado de residência pareceu incompreensível para a jovem secretária, sozinha em seu escritório naquele final de verão. Ela até mostrou uma certa pressa em retomar suas ocupações; me aconselhou a voltar em duas semanas se eu realmente insistisse em ver alguém; a diretora estaria lá.

Saí sentindo uma pequena vertigem; no fundo, ela não estava errada. Mas era preciso agir rápido; Santa Maria delle Grazie é a mais bela igreja de Milão: foi lá que um padre pronto a se instalar no confessionário me disse que não sabia da existência de uma escola Nossa Senhora do Sion na Itália, mas que as irmãs Marcelinas mantinham um excelente instituto para meninas e que não era muito longe.

Guardo uma verdadeira ternura pela pessoa que me acolheu, uma noviça com sotaque estranho. Soube mais tarde que ela era de origem argentina e só estava lá por seis meses, em um quadro de intercâmbio entre os institutos. Ela me ouviu. Eu tinha conseguido reunir minhas forças. Simplesmente tentei explicar. Não menti sobre minhas lacunas imensas (jamais tinha escrito uma linha em italiano), disse de saída que não tinha as notas do ano porque tinha partido antes do final das aulas; só menti sobre meus pais, «sim, eles são católicos»: acrescentei «não praticantes», para ser mais verdadeira. Ela chamou a madre superiora, contou meu caso na minha frente.

Será que os conventos são propícios às tomadas de decisão rápidas? Será que o fato de estarem ligados a Deus implica um desprezo pela burocracia? Será que eu simplesmente provoquei compaixão?

Elas se ausentaram por dez minutos e então voltaram, com o veredito na mão, para a salinha toda branca onde eu tremia de angústia. Eu podia me matricular; era preciso repetir o ano; não receberia notas no primeiro trimestre. Irmã Gisella me poria para estudar por duas horas todas as tardes para tentar me colocar em dia. Única condição: elas queriam conhecer meus pais.

Quando saí, o sol, filtrando-se através das pequenas nuvens arredondadas que corriam no céu, desenhava manchas sobre a praça.

Foi novamente Homero que me veio ao espírito; suas comparações tinham sido analisadas em classe com tanta minúcia por nossa professora dois anos antes que eu podia imitá-las sem dificuldade. Era como um jogo, e eu não me furtava a participar dele; por sua construção extensa e sua acumulação de imagens ingênuas e coloridas, essas comparações me divertiam e me devolviam algum equilíbrio.

Por que não nesta ocasião:

Quando, ao fim de uma noite de tempestade, depois que o mastro tinha tombado e as velas tinham sido rasgadas por um vento de força desconhecida, a aurora de cores de açafrão impôs ao mar tumultuoso uma súbita calma, enquanto a nau entrava em um porto acolhedor, onde os barcos amarrados lhe deram lugar e o marinheiro pôs o pé no cais brilhando de reflexos de sol; assim a jovem...

Homero ou não, uma primeira etapa tinha sido cumprida.

Há uma passagem de *A cartuxa de Parma* que eu adoro. Gina dá conselhos a Fabrice transmitindo fielmente para ele as ideias do conde Mosca, como um viático antes de sua partida para a Academia eclesiástica de Nápoles (li o romance alguns dias antes da volta às aulas nas Marcelinas, alguns dias antes dos meus dezoito anos). É um concentrado da visão stendhaliana, um precipitado de juventude, rapidez, amoralidade.

Este poderia ser um bom começo para um tratado de sobrevivência: «... o conde, que conhece bem a Itália atual, me encarregou de lhe comunicar uma proposta. Creia ou não creia no que vão te ensinar, *mas jamais faça nenhuma objeção.* Imagine que estão lhe ensinando as regras do jogo de uíste; será que faria objeções às regras do uíste?». E, mais adiante:

O segundo conselho que o conde lhe envia é este: se lhe ocorrer um argumento brilhante, uma réplica vitoriosa que mude o rumo da conversa, não ceda à tentação de brilhar, mantenha o silêncio; as pessoas finas verão sua inteligência nos seus próprios olhos. Você terá tempo de se mostrar inteligente quando for bispo.[1]

Ah, esse conde Mosca, eu também o adorava. Sua moral era maleável, seu julgamento nunca era confuso, sua ação era certeira. Essas qualidades não se opunham a sua bondade, sua resistência; ele sabia amar.

Como seguia e contava a juventude de Fabrice passo a passo até a maturidade, o livro pertencia à categoria dos romances de formação (tínhamos tido um curso sobre isso no começo do ano)? De todo modo, *A cartuxa* não tinha o tom melancólico, um pouco desiludido, que emana dos livros de preparação para as coisas da vida. Ninguém aceitava o que quer que fosse da sociedade desse romance, as duras regras de acomodação às realidades da existência não eram absolutamente respeitadas. Elas eram explicadas, contornadas ou aplicadas. Mas, isso me pareceu bastante claro, não eram jamais levadas a sério. Fingia-se!

Como eu não tinha lido nada assim e não podia discutir com ninguém sobre essa interpretação, reli muitas passagens e sublinhei frases que, ao que parecia, me davam razão.

---

1   Stendhal, *A cartuxa de Parma*. Trad. Rosa Freire d'Aguiar. São Paulo: Penguin Companhia, 2012.

As regras, os códigos, os hábitos: como as do uíste, era um jogo, nada mais; um jogo que podíamos aceitar sem humilhação. Bastava esperar para manifestar seu pensamento; esperar para ser bispo; sem «réplicas vitoriosas» antes disso. Para sobreviver, era aconselhável não exprimir seu pensamento. Caber na forma. Dissimular.

Revolvia essas ideias até o momento em que me dava razão. Não era necessário fazer malabarismos para agradar as pessoas que não me agradavam, bastava não manifestar, esconder tudo que poderia perturbar, assustar ou desagradar.

E nos momentos de dúvida, era preciso pensar no conde Mosca.

Os primeiros dias de aula foram, portanto, postos sob o signo da aplicação e da prudência. Minhas colegas eram, em sua maior parte, bonitas e muito bem-vestidas. As milanesas são conhecidas por estarem na última moda, com uma elegância muito *british*; isso se via mesmo em um liceu de meninas de boa família no fim dos anos 1950. Não parecia difícil de imitar: nada de extravagâncias, nunca mais de duas cores e sempre coordenadas entre elas, sapatos impecáveis, unhas curtas e bem cuidadas. Elas não eram muito curiosas; uma frase no gênero «Sim, meu pai trabalhou por muito tempo no exterior, e eu tive uma educação francesa, era mais prático» era suficiente para explicar meu atraso inacreditável. Esse liceu era o que de melhor poderia me acontecer, eu me sentia protegida. Eu estava em formação. Eu ia me inserir na sociedade italiana e logo faria parte de um país europeu em pleno crescimento (era o *boom* econômico, celebrado todos os dias pelos jornais e pela televisão nascente). Eu tinha deixado o Oriente para sempre, o Ocidente me abria os braços; não era mais algo ruim, o Oriente não seria nunca mais aquele em que nascemos.

A volta para casa depois das aulas me lembrava que para minha mãe a passagem definitiva para o Ocidente era mais difícil. Sozinha, ela que, de hábito, era tão dinâmica ficava deitada a maior parte do dia. Deitada na cama. Com mentiras para a filha: «... fiz uma sesta rápida... eu estava lendo... estava com um pouco de dor nas costas».

Eu não conseguia entender, eu não tinha nem mesmo ouvido a palavra «depressão». Ela não estava doente. Estava sempre com um pouco de frio. Não dizia muita coisa, não exprimia nenhuma melancolia, sorria com esforço quando eu chegava, minhas histórias não provocavam nenhum comentário. Toda tarde eu tentava alguma coisa que a estimulasse a sair; ela aceitava para me agradar, mas voltava esgotada e se jogava de novo na cama. Até o dia em que percebi que ela gostava das idas ao supermercado: como os taitianos na chegada do capitão Cook e sua tripulação enfeitada, ela arregalava os olhos na frente das prateleiras cheias de mercadorias desconhecidas. Finalmente alguma coisa a interessava. Decidi perseverar, uma visita ao supermercado todos os dias. Descobrimos os produtos de limpeza (além do sabão e da palha de aço, não conhecíamos nada). A abundância, as cores dos materiais e dos frascos, mas também a leitura atenta dos rótulos com suas promessas de resultados mirabolantes, me apaixonavam. O corredor de bricolagem despertava desejos de melhorar nossa casa, comparávamos os martelos, os pregos, os alicates, as tenazes. E os produtos de beleza! Desprezados na nossa vida anterior, eles brilhavam em mostruários, prometiam maravilhas. Ela olhava com admiração a gama de esmaltes, produtos para manicure, batons, cremes para as mãos, presilhas de cabelo.

Eu ainda gosto muito de supermercados; toda vez que desembarco em uma cidade desconhecida, faço um tour, de preferência sozinha, para marcar o primeiro encontro com o país onde acabo de chegar. Preciso de algum recolhimento. Claro que se foi o tempo em que os produtos não se pareciam, em que os hábitos alimentares, a riqueza e a pobreza, as obsessões e os mitos eram compreensíveis à primeira vista. Mas, ainda assim, a uniformização não é absoluta; as diferenças de variedade e apresentação subsistem e são sempre reveladoras.

Os nomes são diferentes ou bizarramente adaptados. Os marqueteiros globalizados somam a eles seu toque, qualquer coisa que os faça «locais».

Anos depois de nossos passeios cotidianos ao UPIM do Corso Vercelli, ainda experimento uma sensação de relaxamento, respiro mais tranquilamente depois de um tour atento em um grande supermercado.

Minha vida se dividia em dois: o liceu, onde meus dons de adaptação faziam maravilhas (os três meses de aulas intensivas de irmã Gisella lhe tinham dado razão; eu era recuperável: sua afeição por mim se fortaleceu), e o apartamento da família, onde me via confrontada com uma situação desconhecida.

Eu estava mais à vontade com a minha nova vida que com a antiga. Atenta e concentrada no objetivo de não desagradar, não tinha imaginado poder agradar. Era o que estava acontecendo. Sentia a amizade nascer em torno de mim, era admitida no grupo com simplicidade e mesmo com afeto; os recreios viraram hora de tagarelice, o caminho de volta se alongava por causa das companhias. Eu não esquecia que, de qualquer modo, não era eu quem agradava, mas no fundo... era uma parte de mim, apenas suavizada e polida pelos conselhos do conde Mosca.

A alternância era brutal. Eu estava em processo de mudança de língua, e isso implicava uma revolução

— 73 —

íntima. Os neuropsiquiatras escreveram tratados sobre isso. Nós nos ouvimos de maneira diferente, dizemos coisas que não teríamos dito, pensamos um pouco de outra maneira, não reagimos da mesma maneira. A língua de uso influencia o corpo e os sonhos. Uma outra cultura se infiltra por interstícios imprevistos, temos acesso a canções, piadas, compreendemos os subentendidos, o humor se torna possível. Quando falamos uma nova língua o dia todo, a existência pode tomar outra direção e o caráter, se modificar.

Anos mais tarde, um amigo me indicou *A língua absolvida*, de Elias Canetti; eu o li com paixão. Tantas línguas na sua infância (pior que eu), para chegar à escolha exclusiva de uma delas, a mais árdua e a última em ordem de aquisição. Pareceu-me que suas identidades práticas coexistiam na dificuldade, às vezes na cólera. Ele contava muito bem o que cada língua oferecia, e os caminhos de metamorfose a que o uso de uma ou de outra induzia. Nele isso se avizinhava à arte de fugir e se recobria às vezes de um tom doloroso. Nem turco, nem búlgaro, nem suíço, nem britânico, nem austríaco, ele tinha escolhido o alemão como pátria, a língua preferida de sua mãe, a de seus livros.

É com aceitação, alegre no conjunto, de minha nova vida que começou a destruição mais ou menos consciente da antiga. As duas línguas que não serviam para nada agora, e que ninguém mais falava comigo, o árabe e o grego, evaporaram em algumas semanas (guardo na memória, sem ter me esforçado para isso, duas canções infantis, uma em cada língua, sem reconhecer mais as palavras). Todas as referências ao Oriente desaparece-ram de minhas conversas. Tive a sorte de Alexandria ser também o nome de uma cidade média do Piemonte, e aconteceu mais de uma vez que à pergunta «Alessandria? Sei piemontese?» («Alexandria? Você é piemontesa?») eu respondesse com um sorriso gentil e não replicasse.

Abuquir, as travessias semestrais do Mediterrâneo, Bonaparte e Nelson, o burro e seus zurros, Mohammed e os mendigos, o deserto e as grandes tendas marrom--escuro dos beduínos, os sanduíches de atum comidos no barco, as narrativas de guerra e de barcos, o estalar das folhas de palmeira sob a janela, os doces gregos, o campo do delta e as plantações de algodão, o canal de Suez – tudo o que eu era, trama cerrada do meu ser, ocupava tão pouco espaço no presente quanto preciosas joias de família em um cofre. Cuidadosamente tran-cado, cuidadosamente jogado em um esconderijo no fundo de um armário. Cada vez mais esquecido.

Nunca nos controlamos completamente. Passando do passo medido e prudente de meu início a um tro-tinho alegre nos meses que seguiram, a um franco ga-lope no ano seguinte, ganhei confiança em mim e me deixei ir um pouco. É preciso dizer que meus sucessos me davam prazer; eu baixava a guarda agora que faltava pouco tempo antes do fim dos estudos superiores. Esquecia Mosca: eu me precipitava para ser a primeira a entregar os textos, participava de todos os debates, não me privava de algumas «réplicas vitoriosas», eu me permitia discordar.

Vi os olhares mudarem, não do lado dos professores, que estavam profissionalmente satisfeitos, mas do de minhas colegas. Senti que me arriscava a receber expressões exasperadas, talvez observações ferinas. Só a ideia de não ser mais aceita no grupo de minhas amigas me deu medo. A criança um pouco selvagem e batalhadora, a adolescente com sonhos de glória tinha dado lugar a uma jovem ansiosa que temia acima de tudo ser excluída.

Sem humilhar muito meu amor-próprio, como uma aprendiz de ginasta em busca de um equilíbrio difícil, decidi corrigir prontamente minha atitude para me restabelecer. Nunca mais houve textos rapidamente entregues, não houve mais tarefas perfeitas, nem em tradução de latim, nem em matemática, nem em questionários escritos. Um erro ou dois (não muito graves, de qualquer modo), somados sistematicamente ao fim de cada trabalho, provocaram reflexões espantadas nos professores: «Mas o que está acontecendo? Que pena! Você está distraída, agora? Ah, na próxima vez concentre-se. E releia seus textos».

Tudo voltou à ordem do lado de minhas colegas.

Era melhor ser distraída e desconcentrada que estar sozinha de novo.

Se tenho dificuldade e vergonha de contar essa história, é porque não sei o que pensar dela. Uma prova de covardia? Uma prova de coragem? As duas são defensáveis. De orgulho? De humildade? De duplicidade? Os três estão presentes. Situo nessa época a instalação de um movimento de pêndulo perpétuo que me fazia corrigir com zelo todos os excessos aos quais minha natureza e meus sonhos me conduziam. Às vezes antes mesmo que eles fossem visíveis a meus amigos. Visto de longe, isso tem aspectos burlescos; dissimular suas aptidões, como se elas fossem defeitos vergonhosos, tem algo de incomum e incompreensível. Mas funcionava. Eu exercitava o mimetismo. Quanto mais me revelava adaptada a meu novo ambiente, mais era aceita e mais eu recolhia os sucessos de minha idade: exames, amizades da faculdade, mais tarde amizades de escritório.

Isso tinha algumas desvantagens: quando os traços de meu caráter natural afloravam, mesmo os mais anódinos, o interlocutor ficava desconcertado e perturbado; em geral ele pensava que se tratava de um desvio, que estava confundindo fundo e superfície, o caroço e a casca.

Bem mais grave e inevitável era a separação que se operava em relação aos meus pais. Tornando-se realmente milanesa, sua filha se distanciava a todo pano. Eu navegava, eles ficavam à deriva em sua jangada de solidão. A cama deles (há anos eles tinham quartos separados, mas em Milão eles dividiam uma só cama) era a metáfora evidente. À noite, sentados ou deitados, colados um ao outro, o olhar perdido e mergulhado em uma tela azulada de televisão, esperavam o sono quase sem falar. Os programas mais tolos da época, sucessos populares do tipo *O céu é o limite*, com o célebre apresentador Mike Bongiorno, ou o Festival de San Remo, ou as justas entre cantoras de sucesso – Mina e Milva –, eles assistiam a isso sem piscar, durante horas, os dois náufragos.

Era de cortar o coração.

Guardo da faculdade (línguas e literaturas estrangeiras) uma lembrança desbotada, à exceção de alguns meses do último ano, que coincidiram com o relacionamento com um jovem professor de inglês, galês, para ser exata. Leitor, e encarregado de atividades, ele dedicava seu tempo a ensinar Shakespeare para uma assembleia quase exclusivamente feminina. Fazia o playboy com entusiasmo junto às meninas, mas eu era mais forte que ele. Ainda que Thomas estivesse mais a par das coisas da vida, encontrei por instinto uma mistura de distância, admiração e timidez, que tinha feito com que eu fosse descoberta e amada.

E além de tudo havia Shakespeare.

Ele tinha pedido aos alunos que redigissem um trabalho curto de umas trinta páginas sobre sua peça preferida. Escolhi sem hesitar *Antônio e Cleópatra*. Para escrever, abandonei a precaução. O liceu tinha terminado e a faculdade, quase; não tinha mais que me segurar, sobretudo no que dizia respeito a essa peça tão paradoxal, tão incandescente, tão política e, também, tão íntima. Quanto a Cleópatra, é pouco dizer que eu a conhecia. Lendo e relendo com fúria cada cena, tive a impressão de compreendê-la por dentro. Ela ocupou quase toda a dissertação. Shakespeare, que tinha tido acesso às fontes históricas dos vencedores, quase todas a seu serviço e frequentemente vulgares, as transformava com exuberância e se abstinha de qualquer julgamento negativo. Sua peça era um enfrentamento entre Roma e o Oriente, dois mundos sem uma língua comum. Ele tinha descrito e construído sua protagonista atribuindo-lhe uma vasta gama de qualidades e defeitos contraditórios. Cleópatra se exprimia com uma imaginação trepidante; ela liberava eletricidade do começo ao fim; dizia e fazia coisas estranhas, que devem ter assustado até mesmo os primeiros espectadores habituados à desmedida elisabetana. De onde vem, e por quê, por exemplo, essa imagem quase enternecedora da rainha (não mais realmente jovem, uma mulher madura, uma mãe) que saltita em um pé só e depois para, para respirar, nas ruas de Alexandria? É Enobarbus, o amigo de Antônio, que conta:

Um dia
Eu a vi num pé só cruzar a rua,
E por falar sem fôlego, e arfando,
Transformou o defeito em perfeição,
E até sem ar ela expirava força.[2]

Mas afinál, dez anos antes, para conseguir encontrar e seduzir César, ela não se enrolou em um tapete, segundo Bernard Shaw? Reinava sobre um império, mas estava agitada por sentimentos de costureirinha. Era cruel e emotiva, generosa e ciumenta («... Tola de fala e anã! Tem porte majestoso? Pense bem, se já viste majestade»,[3] falando de Otávia, a mulher de Antônio). Nós a ouvíamos enunciar frases de menininha e, alguns minutos mais tarde, exprimir-se como a todo-poderosa

2   William Shakespeare, *Antônio e Cleópatra*, in *Teatro completo*. Trad. Bárbara Heliodora. Rio de Janeiro: Nova Aguilar, 2016, p. 938.
3   Idem, p. 969.

rainha do Oriente, deusa sobre a terra. O que queria dizer, por exemplo, este verso estranho:

Eram meus dias de salada, quando meu julgamento ainda era verde...

(Sim, eu sei, Shakespeare a fez dizer: «My salad days». É uma piada boba; a maior parte das traduções tenta encontrar uma solução para contornar sua bizarrice.)[4]
Seguido algumas cenas mais adiante por:

A guerra é minha e, cabeça do reino,
Lá serei homem.[5]

Suas hipérboles falando de Antônio:

Sua face era o céu... As pernas montavam mares... Seu
prazer, qual delfim...[6]

E sua vontade de sempre surpreendê-lo:

---

4   Optamos aqui pela tradução livre, a partir da francesa. Na tradução brasileira citada, optou-se por «*Ainda jovem, Verde de julgamento...*» (Idem, p. 926). [N. T.]
5   Idem, p. 978.
6   Idem, p. 1036.

Se o encontras triste,
Diz-lhe que danço; e, se alegre, diz-lhe
Que, num repente, adoeci.[7]

Eu achava complexo e bonito o último ato, tão lírico, quando morte e amor se encontram e se enrolam uma em outro com a naturalidade da fatalidade. O poeta ousa interromper o encontro entre a rainha e Otávio em uma curta cena estridente em que Seleucius, o tesoureiro tão honesto, trai sua senhora, na frente dela e sem vergonha. Ele a traiu porque ela foi vencida, simples assim, e, como os meio idiotas, ele até tem a consciência limpa.

Resumindo, eu trabalhava com ímpeto; meu texto ficou bom, estava bem estruturado e bastante pessoal. Eu abusava também do charme ao terminar com a sentença definitiva de Enobarbus, um romano, portanto um inimigo natural, que apesar de tudo não esconde sua admiração:

O tempo não a seca, nem se gastam seus encantos...[8]

Os meses com Thomas foram felizes. Nos primeiros dias morando juntos, eu me vigiava bastante, com

7   Idem, p. 916.
8   Idem, p. 938.

medo de assustá-lo. Em doses homeopáticas no início, depois com uma certa moderação e, finalmente, sem mais me controlar, à medida que a paixão se enriquecia com confiança, eu começava a contar o que não tinha confessado a ninguém.

Os dias eram de estudo, para ele e para mim, mas à noite a aspirante a Cleópatra dava lugar a uma Sherazade debutante. As horas passavam, nossos murmúrios eram cada vez mais suaves. Ele ouvia, sorria, falava também, dormia um pouco, me abraçava forte, falava do futuro. E sobretudo ele não me pareceu desconcertado, pouco à vontade com minhas histórias. Eu absolutamente não lhe dava medo. Eu estava bem espantada com isso. Eu às vezes o fazia rir. Ele jamais demonstrou a menor perplexidade quando, misturando o passado, o presente, minhas leituras, meus gostos, o que eu tinha perdido, meus sonhos de glória, minhas angústias, eu me permitia ser quase eu mesma. Uma noite, como para submetê-lo a um último teste, eu falei de batalhas navais e de meus conhecimentos, bastante técnicos, sobre armas de fogo antigas e modernas também. Consegui um «isso interessaria bastante a meu pai», o que teve como resultado me mergulhar em um encantamento tranquilo.

Dormíamos de janela aberta em qualquer clima; de manhã eu tentava prolongar esses momentos em que os raios de sol alouravam seus braços. Eu olhava seus cílios. Às vezes, para que seu sono durasse mais um pouco, e minha felicidade também, eu usava de todas as minhas artimanhas, segurava a respiração, deslizava para livrar um ombro, aproximava a mão do despertador e deslocava o ponteiro das horas.

A separação foi um horror. Acho que a culpa foi minha. Cada vez que ele falava de futuro, eu ficava em silêncio. Entretanto, eu não ignorava que o ano de leitorado na Itália acabava em julho e que ele devia retomar seu posto na universidade onde estava destinado a uma carreira de professor. Se eu não disse nada, era porque eu não sabia o que fazer. Eu sentia que não podia ir embora aos vinte e cinco anos, abandonar os dois náufragos na jangada, mudar de novo de língua e de país. Eu não podia.

Thomas chorava, eu fugi chorando.

O movimento de maio de 1968 chegou à Itália com bastante atraso. Os acontecimentos de maio em Paris receberam grande cobertura dos jornais, só isso. Em seguida houve um verão bem tranquilo em todo o país. Foi só em setembro, outubro, que as coisas se movimentaram em Milão, para explodir mesmo no ano seguinte. O *Sessantotto*, iniciado tardia e lentamente, durou e se transformou em um movimento cada vez mais marcado por terrorismo, atentados, violência urbana, radicalização dos movimentos estudantis e operários.

Esse período estranho, que tinha começado com desfiles alegres de estudantes e de «trabalhadores» na cidade para em seguida continuar em batalhas organizadas entre facções, eu o vivi do posto privilegiado da redação de um jornal.

Tinha procurado e encontrado um trabalho. Tinha me apresentado, sem recomendações particulares, em dois jornais; me parecia claro que era isso que eu queria fazer; aos meus olhos de então, a profissão que permitiria aproximar as forças em jogo da política, viajar, contar o mundo. Os dois interlocutores com quem me encontrei disseram as coisas habituais, normais de se dizer e ouvir: eu não tinha experiência, eles não tinham vaga. Fiz como se não tivesse entendido, enviava meus textos sobre a atualidade ou crônicas teatrais que ninguém tinha pedido e passava regularmente para dar um alô.

Quatro semanas mais tarde, me chamaram de uma redação para me dizer que um dos textos sobre teatro seria publicado, o outro jornal me enviou um contrato de um ano. Eu jogava com a concorrência com tato e uma discrição dissimulada. Finalmente, sem negociar salário, aceitei o jornal mais prestigioso a meus olhos. Ele pertencia a um dos dois grandes grupos que partilhavam o universo da imprensa na Itália, ricos em jornais diários e semanários de todos os gêneros, donos das editoras e de algumas rádios livres.

A noite de meu primeiro salário foi quase uma festa. Passei na casa de meus pais para contar a eles, sabendo que lhes daria muita alegria. Era também uma grande felicidade para mim poder contar que eu tinha a intenção de ajudá-los e que a partir deste ano eles poderiam sair de férias. Levei a conversa para o ponto em que eles decidiriam para onde ir. Ouvi os destinos sobre os quais eles não estavam de acordo. Eles me perguntaram se eu os acompanharia. Disse que sim, mas não para ficar. Propus Antibes. Fez-se silêncio. Um minuto depois, ambos recusaram com uma doçura teimosa. Eu saí, deixando com eles um assunto que os ocuparia durante alguns dias.

O alívio imenso de ter um trabalho e, ainda mais, de ter conquistado exatamente o que eu queria se somava naquela noite a um sentimento doloroso. Fazia muito tempo que eu tinha tomado consciência de que cada passo adiante, cada etapa vencida, fechava o leque das possibilidades. A cada vez que o alvo fosse atingido, eu renunciava a milhares de outras coisas e me distanciava do que tinha pensado ser um destino. Eu sei, é muito tolo dizer isso assim, mas eu tinha começado a sentir que, como outras milhares de bolinhas coloridas, eu entrava em um funil, e que quanto mais eu me empenhasse, sob os aplausos de um público imaginário, mais eu voltaria as costas às «ideias inexprimíveis e vaporosas» que tinham marcado minha juventude.

Por muito tempo não entendi que o fato de ser mulher era como ter uma deficiência; eu não tinha absolutamente parado para pensar sobre os indicativos de que era difícil vislumbrar um destino à la Lawrence da Arábia sendo do sexo feminino. Não tive, aliás, nenhum sinal de alerta sobre isso. Como meus pais tinham se esquecido de me proibir o que quer que fosse, jamais em minha vida eu tinha ouvido que eu não poderia fazer alguma coisa por ser uma menina. A infância e a adolescência em uma cidade do Oriente Médio adormecida em um torpor enganoso não tinham como me abrir os olhos para isso: a diferença entre homem e mulher era mascarada pela verdadeira divisão, que era social; nascíamos entre os chamados ocidentais abastados ou entre o povo que vivia quase como na Bíblia. Quanto a meus estudos junto às freiras, em salas não mistas, privando-me da confrontação física e intelectual com os meninos, eles tinham paradoxalmente me encorajado no que é preciso chamar de um extravagante mal-entendido.

Minhas primeiras semanas de trabalho da vida me deram tanto prazer que eu quase não voltava para casa. De manhã, saltava com ímpeto para os degraus do bonde (na época, eles eram de um verde-garrafa terrível, e ainda não muito extensos). As melancolias existenciais evaporavam diante de um vigoroso bem-estar, que me invadia à ideia de que a verdadeira vida começava. A época era apaixonante. A cidade se empenhava em viver uma insurreição permanente. As reuniões excepcionais da redação se sucediam. Todo mundo falava de política. Eu tinha a impressão de estar em um pátio de recreio para jovens adultos, mas cuidava para não falar disso: a atmosfera era de seriedade, e meus novos amigos tinham o rosto cansado e preocupado dos resistentes na aurora de uma revolução, ou ao menos de uma nova página da história.

O jornal saía regularmente, mas as ideias expostas esticavam sua corda a torto e a direito. O diretor encarregado de prestar contas da orientação da linha editorial a acionários supostamente conservadores se mantinha equilibrado. Ele tinha uma boa cabeça, eu era muito agradecida por ele ter me contratado. Eu tentava, portanto, conciliar as duas coisas, o ardor do trabalho e a participação em falatórios austeros e empolados que aconteciam na sala e na lanchonete.

Um casal se tinha formado e tomava pouco a pouco (nunca se sabe como nasce um verdadeiro líder, a alquimia é muito complexa) a rédea do movimento do jornal. Vittoria e Paolo eram ambos casados, acho que tinham filhos pequenos, mas o fervor político os tinha feito perceber seu «conforto burguês». Era o que eles mesmos diziam, e todo mundo achava isso normal, quase heroico, em todo caso adaptado à época que vivíamos. Eles eram considerados bons jornalistas, mas o trabalho passou a ser a última de suas preocupações. Dia e noite, eles, e também seu amor sincero e recíproco, estavam a serviço da luta de classes. Do nada, na hora do almoço, tínhamos direito a leituras devotas da obra de Gramsci, e tomávamos cuidado para não fazer muito barulho com nossos talheres para não perturbar a concentração e a reflexão necessárias. Gramsci, uma descoberta para mim, me parecia muito bem escrito e apaixonante, mas eu tinha algumas dúvidas sobre seu método e achava exagerada a instauração de um tipo de missa diária compulsória.

Alguns dias depois, me pediram para traduzir um texto de Ho Chi Minh escrito em francês. Li as doze páginas em questão, uma mistura de idiotices escritas em um charabiá ingênuo e pomposo. Decidi avisar os dois líderes à parte, com as devidas precauções, de que aquilo me parecia um texto sem grande valor, talvez um texto falso; eles se ofenderam: «Isso chegou a nós por nossos colegas franceses de Boulogne-Billancourt». Confesso que, diante da minha incapacidade de convencer, fiz o que me pediam, sem mais objetar. Com uma pontada no coração, não pela falsa epístola de Ho Chi Minh por traduzir, mas porque devia mais uma vez dar conta do modelo em voga e retomar minhas acrobacias miméticas para evitar ser diferente. Tinha apenas mudado de meio; não era mais uma classe de meninas de boa família, agora era um pequeno grupo de amáveis guerrilheiros autoproclamados, patriotas teimosos, profetas de um mundo em mudança.

Entretanto, Vittoria era uma mulher educada, eu acho que ela sempre foi a primeira da classe; o tipo de menina esperta com que se pode contar. Ela não teria envergonhado o liceu das Marcelinas. Um pouco mandona, com o cabelo em um eterno rabo de cavalo, sem saltos, corajosa e esportiva. Ela tinha se transformado na guardiã da ideologia; o amor por seu companheiro era reforçado por uma admiração extremada; de tempos em tempos ela pedia silêncio com severidade: «Paolo está dizendo uma coisa importante».

Paolo tinha generosamente legado a ela o trabalho e os esforços; simpático, astuto, não lhe faltava charme, mas nunca entendi a influência que ele exercia de início sobre Vittoria, depois sobre toda a redação. Ainda mais porque ele tinha aproveitado a ocasião dos eventos históricos para não fazer mais muita coisa e não escrever mais no jornal. Quando a direção lhe pedia um texto, ele adquiria um ar amigável e condescendente, do tipo: «Se vocês insistem, tudo bem, por que não, mas, com tudo que está acontecendo, é muito razoável...». E pronto, acabava ali.

Eu tentava de tempos em tempos convencer o diretor a me integrar no setor de «política interior». Sem grande sucesso; não conseguia sair do cultural e, sem querer, porque eu tinha entrado no jornal por essa via, estava conseguindo me especializar em teatro. Por pragmatismo, decidi esperar um pouco, não apressar as coisas e ver se, um dia, encontrando o principal acionário, conseguia convencer meus superiores de que eu era perfeita para comentar política.

Meus pais escolheram Lugano, no Ticino, para suas primeiras férias. O destino tinha muitas vantagens; próximo, me permitiria ir vê-los de vez em quando, sem ficar lá mais de meio período. O quarto alugado mobiliado era minúsculo, mas barato e impecável. Lembro de uma frase de minha avó: «Quando ficamos um pouco mais velhos, acabamos preferindo a Suíça em vez de qualquer outro país». A cidade brilhava de limpa; incrustada entre duas montanhas boscosas e arborizadas, ela se estendia pelas margens de um dos menores lagos pré-alpinos; os cafés, os bancos e as confeitarias se sucediam pelas calçadas.

Tudo se tornava mais estreito na vida deles: o destino os tinha constrangido a abandonar os grandes portos pelas imitações lacustres. Não mais ondas e grandes ventos, mas pingos d'água sob píeres bem-arrumados. Não mais navios e docas, mas barcos brancos de opereta para os «tours do lago» e os pedalinhos multicoloridos em forma de carro. Mas isso era conveniente (eu sentia que Lugano seria adotada; e eu tinha razão: eles voltaram todos os anos). Tinha também quase certeza de que, entre os fortes atrativos, havia a proximidade de um cassino.

Aqueles que não frequentam cassinos pensam que eles se destinam às pessoas ricas que arriscam ali sua fortuna. Mas é para as pessoas quase pobres que os cassinos geram mais prazer. Vestir-se com esmero, esperar a hora de abertura, jogar timidamente, refletindo bastante (sobre o quê, puxa vida...), alegrar-se com um ganho modesto, falar seriamente sobre o assunto, ativar superstições complicadas, comentar a repetição imprevista de um número, de um cavalo, de uma transversal, é assim que se ocupam as tardes. E, sendo jogador, deixar a mesa da roleta em uma hora decidida previamente, qualquer que seja a situação do jogo e o estado das finanças pessoais, é um ato de heroísmo que dá satisfações desconhecidas aos não iniciados.

Jamais os critiquei por gastarem uma parte de suas magras economias dessa maneira. Eu até achava isso bom, coerente com sua vida precedente e a atitude pouco respeitosa quanto ao valor do dinheiro. Sobre o humor dos dois, e sobretudo sobre o de minha mãe, Lugano e o cassino tinham uma influência benéfica. Ela se animava quando me contava das tardes de jogo e voltava a se interessar por outras coisas, pela pintura e pela escultura para as quais ela tinha não somente dom, mas também um gosto e uma memória visual muito particulares.

Uma coleção de grande beleza estava aberta ao público em uma suntuosa mansão à borda do lago. Era a coleção Thyssen-Bornemisza, que depois daqueles anos deixou a Suíça e ocupa agora um palácio de Madri. Quadros relativamente pequenos, como é quase sempre o caso nas coleções privadas, com uma predominância de retratos, obras de exceção, eram objeto de visitas bastante frequentes. Tranquilizado, aliviado, meu pai a seguia. Uma animação, que eu não tinha mais ouvido nas colocações de minha mãe havia pelo menos doze ou treze anos, lhe devolvia as cores. Lembro de um retrato de um jovem de Rafael, muito mais audacioso e insolente que o conjunto de sua obra. Era uma maravilha. Ela tinha chamado minha atenção para a habilidade do pintor que tinha escolhido um quase perfil para que o olhar ficasse de viés, mas franco, o furinho do queixo, o lábio superior ligeiramente puxado. Havia humor em seu olhar provocante. «É tão bom», ela me disse, «que eu não acho que seja inteiramente dele.»

Na mesma sala, um menino louro de Piero della Francesca olhava para longe, vestido com um casaco de veludo púrpura com a manga bordada em ouro.

E na frente de um Carpaccio calmo, representando um jovem de frente, só e pensativo, diante de uma paisagem estilizada, com uma armadura dos pés à cabeça e puxando sua grande espada da bainha, ela adotou um ar malicioso: «Você viu como ele se parece com você?».

Não era um negócio fácil convencer a minha direção e conseguir ao menos uma entrevista com um político por mês. Eu tentava todos os meios e as proposições que me vinham ao espírito: entrevista, perfis, perfis paralelos – prometendo que não abandonaria meus artigos habituais sobre teatro e os trabalhos de revisão que eu garantia. A técnica de que tinha me servido no momento de minha contratação – fazer primeiro, sem autorização, e mostrar meu trabalho em seguida – não funcionaria nesse contexto. Eu não ousaria solicitar uma entrevista a um ministro que poderia não ser aceita depois.

Foi um dos desafios de minha vida que mais me exigiu determinação; eu imaginava que poderia me abrir portas, me fazer viajar, me colocar um pouco em perigo. Atribuía a isso uma importância exagerada; lutava para não ficar fechada em uma caixa cultural a qual evidentemente meus diretores me destinavam com convicção.

Minhas tentativas nunca funcionaram. Mas elas provocaram uma revolução inesperada.

Consegui encontrar o proprietário que era o filho do fundador. Ele era distinto, tinha cultura, dizia-se que sua tese de filosofia tinha sido marcante vinte anos antes. Diziam também que ele era bonito. Eu não teria ido até aí: elegante, digamos. Ele apertava os olhos constantemente como um lagarto. Como um lagarto, ele virava a cabeça subitamente, lançava um olhar sobre seu interlocutor e se imobilizava. Depois, fazendo um esforço para sorrir, fazia perguntas fora do assunto, não ouvia realmente as respostas (que, aliás, eram muito deslocadas também), levantava ou sentava sem motivo. Dava a impressão de fazer imensos esforços para não se entediar ouvindo seu interlocutor. A primeira conversa foi bastante longa, mas não levou a abertura alguma e eu saí da sala convencida de que não tinha sabido falar com ele ou que não tinha realmente inspirado confiança.

Duas semanas mais tarde, ele mandou me chamar. Dedicou uma boa meia hora a propostas incongruentes, querendo às vezes ser engraçado, muitas vezes, viciosamente sarcástico quanto a seus colaboradores, indo parar em histórias de mudanças de escritórios, insistindo sobre a época agitada e mesmo catastrófica que atravessávamos. Depois chegou sua proposta. Foi anunciada com autoridade e sem as derivações habituais. Ele precisava de um diretor para a gráfica (eram ainda os anos em que os jornais tinham suas próprias gráficas). Estávamos caminhando «na direção de mudanças importantes», todas as máquinas deveriam ser substituídas, a quantidade de operários das máquinas deveria diminuir, era preciso temer problemas sindicais nos próximos meses. Ele me propunha a direção do conjunto. Duzentos e oitenta operários, quinze funcionários. A gráfica ficava na periferia leste. A propósito: eu sabia dirigir?

Um mês depois, eu estava sentada em um avião ao lado de um técnico amável e resignado, num voo para Düsseldorf, onde aconteceria um salão de máquinas de impressão. Eu tinha aceitado. Tudo que eu tinha conseguido dizer sobre minha absoluta incompetência, minha inexperiência quase cômica, foi afastado com um gesto de mão.

O problema não era esse. Para comandar, ele disse com um meio sorriso, era preciso saber surpreender. É pegando as coisas e as pessoas no contrapé que se marcam pontos.

Eu jamais tinha imaginado esse tipo de situação. Uma jovem, uma jornalista que escrevia sobretudo sobre teatro, incompetente em finanças, ignorando a logística, tendo participado de leituras revolucionárias na lanchonete, sem experiência no que se começava a chamar de *management*... Eis que: era a sua escolha, a do patrão, para dirigir uma grande gráfica, a futura interlocutora dos representantes dos funcionários, a guardiã da boa gestão financeira da fábrica, a dirigente que devia se fazer respeitar. Não havia o que discutir. E ninguém em torno dele reagiu. No fundo, dizia-se que ele raramente tomava decisões, preferia administrar deixando as coisas apodrecerem, mas, quando decidia algo, geralmente dava certo.

Eu ainda não sabia: todo patrão é um tirano edulcorado. Longe de mim formular um julgamento moral; é assim, inerente à função, e conheço muito poucos casos que não se aplicam a essa verdade. Um patrão de uma grande empresa (como um tirano clássico) precisa ter, em seu círculo próximo, uma mistura equilibrada de devotos incondicionais e personalidades sólidas e ativas. Enquanto o equilíbrio se mantém, seu sucesso está quase garantido. Se, entre seus colaboradores próximos, as personalidades originais ficam muito numerosas, a desordem pode se instalar e a máquina, degringolar. Mas se, ao contrário, a maioria é de devotos, isso quer dizer que o patrão está cansado e vulnerável, ou simplesmente está envelhecendo; e entra-se nas zonas problemáticas que fazem a empresa correr riscos mortais.

Na época em que, com uma docilidade incompreensível e uma angústia mordente, esta muito explicável, eu aceitei essa carga imprevisível, o ponto de equilíbrio de meu patrão era ainda mais ou menos satisfatório.

Bem no fim dos anos 1960, a editora Einaudi publicou uma curta antologia de poemas de Konstantinos Kaváfis traduzidos do grego. Eu estava no mês de adaptação ao cargo de chefe de uma grande gráfica e não soube da publicação, que teve uma certa repercussão no meio que eu continuava, tanto quanto possível, a frequentar. «Você deve conhecer, você, que nasceu no Egito», me diz bem mais tarde um de meus ex-colegas de leituras gramscianas. Não, jamais tinha ouvido falar. Meus pais, quando interrogados, responderam com sua negligência habitual quando se tratava do passado: «Sim, me disseram que ele trabalhava na Secretaria de Irrigação, quer dizer, trabalhava... parece que ele não fazia nada em sua mesa o dia todo», foi a resposta de meu pai. «Acho que sou jovem demais para tê-lo conhecido», concedeu minha mãe, deixando subentendido que, se fosse tão importante assim, ela teria sabido.

A tradução de Nelo Risi e Margherita Dalmati era esplêndida. Os poemas ficavam quase transparentes. Uma água límpida, falsamente límpida, onde se refletiam a Alexandria de ontem ou a de antanho, retratos de pessoas pobres ou de personagens da história, comparsas ou heróis, paisagens em ruínas ou palácios cobertos de ouro. Através do estilo preciso de uma crônica depurada, histórias minúsculas de personagens minúsculos se deixavam ver por um momento ou um dia de sua vida. Tinha-se a sensação física do tempo decorrido, da poeira acumulada, do vento que erodiu as paredes. Como para Homero, que não teve a chance de viver os tempos heroicos mas adaptou-se aos da degradação, e da decomposição, Kaváfis, seu descendente distante, nomeia as gentes e as coisas dando-lhes a eternidade. Ele transmite, de forma voluntariamente sóbria, o caráter pungente que emana dos restos de um passado, de um passado fantasma, e gostaríamos de poder dizer: de um fantasma de um fantasma.

Sua cidade, aquela em que eu nasci alguns anos depois de sua morte (e no mesmo hospital grego), era nomeada ou apresentada em todas as páginas. À noite, quando eu lia algo febrilmente, podia acreditar que ele falava para mim:

Novos lugares não encontrarás, não encontrarás outros mares
A cidade te seguirá...

....

não há navio para ti, não há caminho.
Assim como destruíste tua vida aqui,
neste pequeno recanto, em toda terra arruinaste-a.[9]

Alexandria nascia justamente quando a Grécia clássica declinava. E, desde sua fundação, há dois milênios, ela se tornou campeã em declínio. Contribuindo, em seus períodos obscuros, com a transformação e o semiesquecimento das histórias verdadeiras e das lendas, ela tinha sobrevivido adaptando-se. Esse espírito alexandrino, de que Kaváfis é o herdeiro plenamente

---

9   Konstantinos Kaváfis, «A cidade», in *Poemas de K. Kaváfis*. Trad. Isis Borges Belchior da Fonseca. São Paulo: Odysseus, 2006, p. 85.

consciente, era muito mutável e adaptável para desparecer por completo. Sua força residia em sua flexibilidade. E em um fatalismo singular.

> *E se não podes fazer tua vida como a queres,*
> *esforça-te pelo menos nisto,*
> *quanto possas: não a degrades*
> *na convivência demasiada com as pessoas*
> *nos demasiados movimentos e colóquios.*
>
> ....
>
> *até que se torne pesada como uma estranha.*[10]

Há poemas narrativos nessa obra em que a história é tratada com o respeito que devemos às velhas senhoras mentirosas. O poema «Os Reis de Alexandria», que conta a coroação de três filhos de Cleópatra, é um exemplo quase miraculoso dos dons do poeta. O contraste é violento entre a versão oficial e a realidade histórica, donde – forte e sutil – o sentimento de precariedade que se instala. Sem derrisão direta. Mas com a aceitação tranquila do lado derrisório de toda existência:

> *Cesário encontrava-se mais adiante,*
> *trajado de seda cor-de-rosa...*[11]

10   Idem, p. 121.
11   Idem, p. 111.

Ele é nomeado Rei dos Reis, mas ninguém é tolo:

Os alexandrinos compreendiam certamente
que tudo isso eram palavras e teatro.

Mas o dia estava quente e poético,
o céu, de um azul claro...[12]

E há os poemas íntimos, amorosos. Aqueles que falam da solidão e do desejo. Como aquele que eu amava tanto e que hoje me dá um pouco de medo:

Meia-noite e meia. Rápido passou a hora
desde as nove quando acendi o candeeiro

e que termina com:

Meia-noite e meia. Como passou a hora.
    Meia-noite e meia. Como passaram os anos.[13]

O Alexandrino, como logo o chamaram seus admiradores, provavelmente conheceu bem a ligeira embriaguez provocada pela mundanidade, mas também a tensão surda que gera a grande solidão. Ele não escolhe.

12   Idem, ibidem.
13   Idem, p. 215.

Não há conselhos de vida na obra de Kaváfis. Não se trata nem do bem nem do mal, não há nenhuma diferença entre as coisas importantes ou banais. Acho tão justa a síntese de E.M. Forster, que o conheceu em sua juventude, quando ele era apenas um funcionário preguiçoso da Secretaria de Irrigação e autor de uns vinte poemas impressos em folhas soltas: «Você poderia encontrá-lo em uma esquina. Era um cavalheiro grego com chapéu de palha, que se mantinha em pé, perfeitamente imóvel, ligeiramente de viés em relação ao universo».

Desde sempre, seja em um lugar onde moro ou em uma cidade em que estou de passagem, me param para pedir informações. Virou uma piada com meus conhecidos: podíamos apostar quantas vezes durante um passeio eu seria interrogada sobre a rua a se seguir para chegar a um lugar, um restaurante marroquino nas redondezas, a praça mais próxima, a farmácia aberta no domingo. Adquiri certa experiência, eu me exprimo em poucas palavras que acompanho com gestos precisos – direita, esquerda, em frente. Se é uma cidade que não conheço e cuja língua ignoro, ensaio um sorriso consternado de desculpas e abro os braços, em uma mímica de impotência aflita.

Minha mãe, a quem isso divertia muitíssimo, tinha explicações contraditórias, segundo seu humor: sentem que você tem o estofo de um general, você tem um ar mais servil que os outros, não se sente medo de fazer você perder seu tempo, é o seu lado de boa pessoa... Thomas dizia que eu dava segurança às pessoas, que todo mundo tinha vontade de falar comigo. Outros confirmam que eu inspiro confiança.

Eu acho que é porque dou a impressão de saber para onde vou. Com a idade, isso quase virou verdade, mas durante muitos anos tudo isso era tão inapropriado quanto perguntar o caminho para uma criança perdida. Eu também vinha de uma encruzilhada descentrada, eu estava «de viés em relação ao universo».

Mas eu fingia que estava em casa.

A aventura da gráfica durou quase quatro anos. Ela me demandou muito esforço, eu me servi das armas que tinha: curiosidade, boa resistência nervosa.

Minhas imensas incompetências, assim que confessadas, deixavam meus colaboradores à vontade, permitia que considerassem o lugar dos outros, se sentissem superiores a mim em suas áreas, dividissem comigo suas inquietudes, expusessem francamente os riscos e aproveitassem juntos os triunfos. Foi um bom período para eles; para mim também, no fim das contas. Não houve nenhuma grande catástrofe.

O lagarto do meu patrão pedia notícias de vez em quando; como não havia nada de especial a relatar além de algumas greves, do fato de que não estávamos perdendo dinheiro, de que meus colaboradores, interrogados às escondidas, não acabaram demais comigo, eu deduzia que ele deveria estar contente. Eu não tinha experiência suficiente para imaginar e compreender que, se, ao contrário, a situação se tivesse revelado crítica ou mesmo catastrófica, ele não teria ficado realmente descontente.

Ele teria talvez achado isso uma distração ainda maior.

Eu reatei com a vida do jornal; sem ter pedido nada desta vez, fui encarregada dos assuntos da sociedade; isso me convinha perfeitamente. Eu fervilhava de ideias para os especiais de verão. Para grandes reportagens. Quanto às grandes investigações, veremos mais tarde, me diz meu patrão. Percebi pela primeira vez seus lábios muito finos, que lhe davam uma expressão ao mesmo tempo frágil e autoritária. Um risco de saliva branca nos cantos. Ele me repetiu mais uma vez que não havia muitas empresas que teriam me oferecido uma experiência tão vasta e variada.

Eu concordava com ele.

Gostei muito das grandes empresas. Há quem as compare a exércitos, batalhões; as metáforas militares são sempre utilizadas. Acho que realmente as semelhanças não se dão nesse sentido. Se se trata de uma empresa

— 104 —

privada, eu pensaria mais em um burgo medieval. Com ritos que se consolidam com o tempo, uma vida de aldeia, papéis principais que se ajustam uns aos outros, que se completam e se encaixam. É um corpo vivo, precisa de movimento, chacoalhões, festas rituais, dramas purificadores. Reconhecemos personagens recorrentes que são idênticos por toda parte. Arquétipos: o príncipe, seu grande camareiro, o grão-duque ou a grã-duquesa, a emotiva devotada, o colérico boa-praça, o dissimulado nervoso, a Cassandra sempre chorosa, o sabe-tudo impaciente, o traidor sorridente, o traidor triste, a carcereira, o valente cavaleiro, o sujeito brilhante, o *bon vivant*, o argumentador ou a argumentadora que não desistem nunca.

Quando se trata de uma sociedade maior, ou de uma multinacional, passamos à aldeia high-tech, até com um pouquinho de ficção científica. Como não há mais príncipe, ou ele está obrigatoriamente de passagem, o poder está escondido em uma nuvem; a linguagem comum é mais codificada; os momentos de festa ou de drama têm rituais mais elaborados. Mas reencontramos os arquétipos, com as mesmas expressões, as mesmas relações de força, às vezes (é assustador) corpos, atitudes ou rostos parecidos.

Foi em um verão em Lugano – lembro-me da cor de minhas alpercatas – que comecei a perceber que minha mãe tinha cada vez menos fôlego. Cinquenta passos e era preciso fazer uma pequena pausa na calçada. Grande alívio quando parávamos em um café. Sorrisos forçados. No dia seguinte, em Milão, eu não pensava mais nisso.

Foi também em uma primavera fria em Lugano – lembro-me de meu impermeável azul com capuz – que uma cena silenciosa aconteceu em uma confeitaria. Um homem, esbelto, ágil, com o rosto anguloso, acompanhado de um homem mais jovem que se parecia muito com ele, entrou e foi para o balcão escolher e comprar doces. Eu o reconheci, mesmo sem tê-lo visto por muito tempo: ele tinha vindo nos visitar em Antibes mais de uma vez, estava no vernissage da exposição em Roma, me deu um colar de contas de turquesa, era um amigo de longa data, fiel e afetuoso, professor de arquitetura em Zurique. Quase levantando para chamá-lo e cumprimentá-lo, me virei para minha mãe. Ela segurava meu braço com força e, sem falar, me intimou imperiosamente a sentar. Ela tinha se escondido atrás do jornal bem aberto. Era meu *Corriere della Sera*, pego com raiva.

Eu não entendia, mas começava a entender. Depois de alguns minutos, o homem e o filho pegaram seu pacote, pagaram sem se voltar para as mesas do salão de chá e desapareceram com passos suaves na porta giratória. Mesmo as lágrimas eram silenciosas, atrás desse pobre *Corriere* amarrotado. Isso durou algum tempo, até que eu disse a minha mãe que ela poderia pousar o jornal: Werner tinha saído.

Deixei passar ainda alguns minutos, me levantei para pagar a conta, voltei à mesa, enxuguei seu rosto com o guardanapo como se ela tivesse três anos, disse-lhe com firmeza que se levantasse. Era preciso dar uma volta.

Meia hora mais tarde, ela descerrou os dentes para dizer: «Eu não queria que ele me visse assim, eu não sou mais eu mesma».

Quando, depois do jantar, no volante de meu Mini Cooper branco, de que eu tinha tanto orgulho, voltei à estrada para Milão, muitos episódios da infância e adolescência se agitavam na minha cabeça. Os pedaços espalhados retomavam seu lugar lado a lado, em pacotes, e se imbricavam com facilidade. Eu pensava também naqueles envelopes na bancada da cozinha, no alto, atrás dos temperos, que tinham sempre o nome de minha mãe e a indicação «posta-restante». Enviados de países diferentes, havia ali muitos maços de papel; os carimbos tinham algumas datas muito antigas, mas também outras mais recentes.

Eu já sabia: o amor pode atravessar as vidas como um rio subterrâneo; irrigá-las sem vir à luz do dia. Mas, no final, é complicado.

Ao autorizar o diretor do jornal a me nomear responsável pelas páginas «Sociedade», o grande patrão lagarto tinha me dado um enorme presente. Eu ziguezagueava entre os assuntos mais sérios e os menos sérios, fazia ligações com a atualidade política sem forçar, utilizava informações culturais para nutrir minhas páginas sem pedantismo. Tinha uma equipe tão pequena sob meu comando que não se poderia fazer nenhuma comparação com os anos anteriores. Ritmo diferente, nenhum problema de gestão de pessoas, pouca informação e implicação nos resultados financeiros.

Eu estava contente. Decidi ser prudente.

Teria pulado de alegria se tivesse me deixado levar pelo meu verdadeiro estado de espírito. No fundo, eu saltitava de prazer. Desta vez, o conde Mosca não me esqueceu. Inspirou-me uma atitude ponderada, moderadamente confiante. Deixei claro que estava longe de estar segura quanto a corresponder à expectativa que tinham depositado; a renovação não era fácil de desencadear; o coquetel de ingredientes necessários, no decorrer dos dias, para preencher as páginas era delicado de se encontrar.

Precisava de ajuda e de ideias; eu as pedia a todo mundo, sobretudo a meu diretor generoso; quanto àquele que já tinha me «oferecido, com uma grande generosidade, tantas ocasiões profissionais» (eram suas palavras relatadas por uma amiga), eu deixava escapar durante uma conversa que eu não apostava muito alto em minhas chances de sucesso, pedia também que me concedesse um ano antes de me avaliar; eu faria tudo para não decepcioná-lo, mas a tarefa, demandando ao mesmo tempo inventividade e fôlego para garantir uma renovação sem quebrar a tradição, talvez fosse muito árdua para mim.

Ele controlou sua surpresa. Vi um lampejo de desconfiança em seus olhos cinza. Ele se apagou imediatamente e suas pálpebras se apertaram em um sorriso.

Tive paz durante um ano.

Guardo uma bela lembrança de um especial de verão, quando saí um pouco de minha área lançando cinco reportagens sobre as cidades da Antiguidade que tinham prosperado sob o reino de uma mulher. Uma ideia um pouco dissimulada, nada de novo, digamos: Cartago e Dido, Alexandria e Cleópatra, Palmira e Zenóbia, Ravena e Teodora, Constantinopla e Irene. Rainhas ou administradoras hábeis. Por um momento, sofri a tentação de acrescentar Judite, sobretudo por causa do vigoroso «oratório militar» de Vivaldi, *Juditha triumphans*, mas isso me pareceu forçado. Judite afinal não tinha triunfado sobre Holofernes, bêbado adormecido e apaixonado. Ao longo de séculos, uma aura inacreditável acompanhou a história desse ato de traição, inspirou dezenas de quadros, obras de arte: tudo isso por ter degolado um chefe inimigo. Um pensamento sobre o Lagarto me atravessou o espírito; traí-lo talvez, mas, não, apesar de tudo, eu não teria podido fulminá-lo durante seu sono. Sai Judite. Concentrei-me nas verdadeiras conquistadoras.

Deixei Alexandria para um jornalista brilhante (não tinha forças para tocar nisso); dividi os outros assuntos e voei para Damasco. Depois de um dia de passeios nos bazares e de compras de toalhas de mesa bordadas com fios de ouro, fui de carro para Palmira com um fotógrafo e uma estudiosa de árabe com olhos de cervo. Havia um hotel bem no meio das ruínas que, sem originalidade escandalosa, se chamava Senóbia (foi recentemente pilhado). Vetusto com quartos mobiliados com camas e cabeceiras de dormitório ou de hospital de campanha, tinha acolhido gerações de arqueólogos. Um terraço oferecia uma vista sobre o conjunto da cidade antiga, as tumbas e o castelo árabe. Na noite de nossa chegada, dois burros se apoiavam nas muralhas. Um pequeno escorpião dormitava sob minha cadeira.

Recebemos um quarto para três, o que me agradou bastante, dando à equipe o tom de férias adolescentes. Na segunda noite, anunciei aos meus companheiros que pretendia ir dormir ao relento, dentro da muralha do castelo árabe. Eles queriam vir comigo? Isso era perigoso? Eles tinham certeza de que preferiam dormir em uma cama e, à segunda questão, Farid respondeu: «Não, não mais perigoso que em outros lugares». Seu rosto redondo, suas bonitas mãos bem-cuidadas, seu conhecimento sem ostentação da história de seu país, me inspiraram simpatia.

Eles me acompanharam na subida da colina, que era bastante íngreme, batemos um pouco de papo e em seguida fiquei sozinha. O castelo, que domina o sítio e impressiona por sua rudeza, está destruído e não oferece grande interesse em seu interior. Escolhi um canto mais ou menos limpo e me ajeitei, encostada em uma parede.

Não dormi nessa noite. O céu pulsava. O frio começou a cortar logo depois. Ele contrastava com os carinhos do vento suave. Havia barulhinhos, mas nada muito assustador. As horas passaram sem cansaço. Eu tremelicava. Antes da aurora, a paisagem se cobriu por alguns minutos com uma manta violeta. Depois, tudo se aqueceu de rosa e de púrpura. E o calor voltou de repente, por ondas que batiam mais e mais fortes.

Eu ria no café da manhã no terraço do hotel. Estava orgulhosa de mim. Tinha demonstrado para mim mesma que se pode trabalhar, muito e seriamente, adaptar-se aos moldes, mas que com um pouco de organização era possível escapar de vez em quando. Pular o muro.

Tomamos de novo a estrada para Damasco no dia seguinte. A reportagem estava fotografada. O motorista (batizado de «orelhudo» por causa de seu suposto pertencimento à polícia) nos ouviu muito cantar a plenos pulmões. Ganhei aplausos com «Emmenez-moi» e a letra de Aznavour... «un beau jour sur un rafiot craquant de la coque au pont»...[14] A bela estudiosa de árabe arrulhou «Ya habibi» com inflexões à la Asmahan, indo do aveludado ao rascante.

No meio do caminho, em uma planície árida, vi uma placa deteriorada que indicava o Leste, do lado do Eufrates: Bagdá, quatrocentos quilômetros. Vinte e quatro horas mais tarde, eu coordenaria uma reunião de pauta no jornal.

Minha mãe passou os últimos meses de vida deitada de um lado, a cabeça erguida em travesseiros, com um cilindro de oxigênio a seu alcance. A bela nadadora era agora um pobre peixe encalhado na praia que com valentia tentava respirar; as costelas salientes se erguiam em sobressalto com o esforço, abaixavam em seguida brutalmente e por muito pouco tempo. Era insuportável olhar.

Fazíamos tudo que era preciso: visitas, controles, exames. Ela sabia que não havia muita coisa a esperar,

14   Em tradução livre: «um belo dia, em um barquinho rachando do casco ao convés...». [N. T.]

tentava resistir e evitar os deslocamentos, depois aceitava tudo para me agradar. Respondia aos médicos com precisão, pediu que de uma vez por todas não inventassem histórias e lhe dissessem quando esse calvário iria acabar. Os médicos mais jovens seguravam sua mão, diziam que ela tinha que ser corajosa. Um recém-chegado perguntou um dia sua data de nascimento para completar as fichas. Recebeu sua última faceirice: «Sinto muito, doutor, já menti tanto sobre isso na minha vida que não me lembro mais».

O jovem se voltou para mim, sem conseguir a resposta. Eu tinha antes vontade de felicitá-la.

Quando tudo acabou, na manhã seguinte a uma noite ao mesmo tempo tão interminável e tão curta (a imagem da ampulheta se impôs todo o tempo, terrível: algumas horas ainda, alguns minutos, alguns segundos, mais alguns grãos de areia), eu preparei o café para meu pai, comecei a me mexer, chamei o médico, senti um alívio triste. Abri as janelas, dei uma volta pelo apartamento.

No armário da cozinha, no alto, atrás dos temperos, não havia mais nada, nenhum maço de papéis. Na biblioteca, todos os álbuns de fotos tinham desaparecido. Uma grande caixa vermelha, que eu tinha visto quase estourando com fotos soltas e pequenas lembranças reunidas aos poucos ao longo das estações, estava vazia. Minha mãe deve ter sido auxiliada para destruir e queimar não somente o que lhe pertencia, mas também os retratos de família, nossas cartas, nossas lembranças. Como ela sempre exagerava um pouco, os papéis de impostos e copropriedade, as carteiras de motorista e os passaportes também tinham sumido. Uma enfermeira, uma empregada, a acompanhante, talvez, tinha obedecido a ela sem nos avisar.

Por outro lado, encontrei bem visível um envelope endereçado a mim na gaveta de seu criado-mudo. Era bem curto:

Meu querido amor,
Desejo ser cremada (depois de morrer, naturalmente).
Gaby.

Tenho certeza de que ela planejou isso há muito tempo: uma cremação geral, corpo e bens, acompanhada de uma piada delicada. Para me fazer rir.

Não deu certo.

O filho do meu patrão lagarto não era nada lagartoso. Era um homem feito, com olhar franco, que se preparava para uma carreira universitária. Na minha lembrança, ele já era assistente na universidade de uma grande cidade. Seu pai, em uma crise de hipocondria, como acontecia com frequência, fez com que ele se decidisse a abandonar tudo para se formar na empresa e um dia sucedê-lo. Ele era filho único, no fim das contas era um dever.

O dispositivo vencedor tinha sido encontrado. Ele instituiu uma dupla formada por seu filho e eu, acrescentou um diretor financeiro para supostamente nos dar conselhos prudentes e nos vigiar. Logo, dependendo do dia, era um duo, um trio, um diretório. Quanto a ele, tínhamos sua promessa solene: alguns meses depois de ter colocado na liderança de seu grupo de jornais, rádios e gráficas duas pessoas de confiança e seu próprio herdeiro, ele iria se eclipsar progressivamente; o espírito e o coração tranquilos.

Eu relutava em deixar o jornalismo pelo *top management*. As páginas de «Sociedade» eram apreciadas, eu tinha uma certa liberdade, podia escrever e mandar escreverem o que eu quisesse. Tinha também a possibilidade de escapar de tempos em tempos. Quanto ao dinheiro, tinha aprendido a desconfiar dele. Eu recusei, portanto, declarando minha gratidão, disse que não me sentia à altura de assegurar essa codireção, ao menos não naquele momento.

Começou uma guerra subterrânea. Nada mais se desenrolava como antes. Eu não sabia nunca qual expediente seria utilizado para tornar minha vida cotidiana mais sombria e arriscada. Uma paisagem conhecida e amada se transformou em uma floresta de conto fantástico: os prados viraram pântanos, as árvores benévolas, ogros maléficos, as flores se transformaram em animais carniceiros. Sombras ameaçadoras se estenderam sobre os dias mais banais; pouco antes, às vezes, de se dissiparem como por encanto. Meus colaboradores não sabiam mais em que pé dançar e ficaram desconfiados. Era interessante, mas impossível de viver.

Entreguei as armas, aceitei esse «novo desafio», como dizem as pessoas de negócios, porque pela primeira vez na vida eu estava realmente cansada. Era a melhor solução: eu me engajava em uma nova fase árdua de esforço e de adaptação e evitava assim as nuvens psicológicas e suas tempestades inúteis.

Eu estava errada. Seis meses mais tarde, o lagartoso tinha grandes olheiras sob os olhos e chegava cada vez mais tarde, o diretor financeiro engolia pílulas contra úlceras e balançava a cabeça, eu emagrecia a olhos vistos. O único que estava realmente bem era nosso patrão; não houve mais nenhuma manifestação de hipocondria.

Na ocasião da morte de meu pai, um ano e meio depois, repeti com a mesma convicção triste as etapas que tinham seguido o último suspiro de minha mãe. Ele não tinha me contado pessoalmente nenhum desejo e, sem refletir muito, organizei as mesmas cerimônias sóbrias, cremação incluída.

Três semanas mais tarde, abrindo por acaso um livro ilustrado sobre os grandes campeões de trote (durante seus últimos meses de vida, ele tinha substituído o cassino por uma assiduidade inesperada à pista de corridas perto de sua casa), encontrei um bilhete em que ele me pedia para evitar a presença de curas e rabinos, recusava a cremação e escolhia um enterro em um cemitério ao norte de Milão.

Tive um momento de inquietude: não podíamos voltar o filme, ele tinha tido direito a uma missa católica, a uma cremação e a um columbário. Como eu poderia saber.

Mas em um envelope havia um presente para mim. Uma fotinho, em preto e branco, claro, com as bordas dentadas como todos os clichês dos anos 1930 e 1940. Resgatada da destruição geral, ela deve ter sido preservada em suas coisas pessoais.

Tenho certeza de que ela foi tirada em Agami, a praia da moda à época, cinquenta quilômetros a oeste de Alexandria. Eles estão rindo. Juventude ao sol. Ela está sentada, suas belas pernas nuas bem à vista, olhos negros voltados para a objetiva. Ele está ajoelhado de perfil; loucamente chique: com um short branco, um pulôver bege claro por dentro do short, mangas frouxas. Ele encosta seu rosto no rosto dela. Vê-se o mar ao longe.

É a única foto que sobrou dos dois juntos.

Sei que nunca compreendemos o amor dos outros. Sei que fixar uma imagem com intensidade não é suficiente para que ela, por mágica, ganhe vida. Ai de mim.

Fiz isso, contudo.

Eu teria adorado saber o que eles diziam um ao outro antes ou depois da foto; me faltava tão pouco para chegar na pista certa: um fim de frase, uma entonação. Eu queria sobretudo ouvir a voz dele. Ela nunca me inspirou confiança na descrição de seus próprios sentimentos, mesmo aos vinte e cinco anos ela devia ser capaz de enrolar seu mundo. Risonha, bem armada, com uma astúcia tranquila.

Eles ainda não tinham nenhum filho no dia em que foram fotografados em Agami por um amigo ou parente. Antes de caírem no mar, ainda vestidos, cabelos secos. É sobretudo meu pai que me interessa; ele não pratica a má-fé por esporte. Ele ocupa pouco espaço em minhas lembranças; minha mãe, sem o fazer de propósito, o empurrou para o lado, para um canto invadido por vapores que preservam a incerteza das minhas interpretações. Sou uma tradutora de imagens para quem muito poucos indícios foram fornecidos. Avanço sobre algumas certezas. Ele está contente, ele está orgulhoso, mas seu sorriso é o de um homem tímido. Acho que sente por sua mulher um amor intimidado.

O que ele sabia dela na época? E ele, o que fazia durante os cinco ou seis meses em que ela ia para a

Europa? Mesmo antes do nascimento de sua filhinha (que tinha tanta necessidade de respirar o ar dos países temperados), ela voava todas as primaveras como uma andorinha teimosa. Será que ele tinha «flertes» para preencher a ausência, como diziam minhas tias? Muito tempo depois, quando eles viviam colados um ao outro em uma solidão sinistra, presenciei uma alusão despeitada de minha mãe a «uma horrível loura de unhas pintadas». Meu pai pareceu exasperado com a injustiça da proposição. Mas nenhum dos dois respondeu às minhas perguntas.

É a essa época que remonta uma anedota que minha mãe contava rindo, enfeitando-a ao longo dos anos. Ela tinha oficialmente por objetivo me instruir sobre as melhores maneiras para uma mulher jovem e bonita se livrar de um pretendente. Isso pedia imaginação e firmeza. Tato e decisão. Ela estava então ao volante; a seu lado, um homem que tinha posto na cabeça que iria convencê-la a deixar seu marido para se casar com ele. «Ele falava, falava, eu não sabia mais o que fazer. Estava chegando perto de casa, era embaraçoso. Eu queria que ele descesse do meu carro. Eu era toda sua vida, porque não, claro que sim, mas já tinha cruzado com o Buick de minha irmã Arlette e outros mais. E ele declarava não ter a intenção de descer antes que eu decidisse responder claramente, sim ou não. Mas eu já tinha dito 'não', e ele não tinha acreditado...»

Ela teve uma ideia genial; uma grande carroça carregada de frutas e legumes estava estacionada ao lado; o proprietário conversava à sua sombra sobre a calçada, a alguns metros dali. Ela fez uma guinada brusca e bateu sem diminuir a velocidade contra a carroça. «Que confusão, minha querida! Que confusão! A rua coberta de cebolas, melões e tomates! Todo mundo gritava! Nem te falo dos pedestres, das crianças e dos mendigos que se jogavam sobre as frutas; o quarteirão inteiro cheirava a melão!»

O fim da história era lacônico: o pretendente «que não tinha querido escutá-la» foi embora sem dizer nada e não voltou mais. Ela tinha pedido desculpas ao mercador ambulante, jurando que não faria isso de novo. Meu pai, que estava voltando para casa também, tinha descido de seu próprio carro para indenizá-lo pelo massacre.

A história fazia parte de seu patrimônio comum; minha mãe contava insistindo na marmelada de frutas; meu pai somava detalhes técnicos a que não faltava sabor. Pobre apaixonado: o que ele faria nesse vespeiro?

Quando anunciei ao patrão que tinha intenção de deixar sua empresa, ele não me ouviu. Ele era muito experimentado em exercícios complicados que consistiam em destruir os equilíbrios internos, reconstruí-los de outra forma, arrasá-los de novo alguns meses mais tarde. Ele sabia se espantar com as desgraças que ele mesmo tinha provocado, promover de surpresa homens e mulheres que tinha em outro momento desmoralizado e fragilizado, tudo isso dizendo que ele só estava de passagem e que o poder estava em nossas mãos. Todas essas manobras, que lhe davam muita alegria íntima, não tinham erodido a prosperidade do grupo. A capacidade dos assalariados ocidentais de suportar as situações inutilmente vexatórias é bem maior do que imaginamos. E o amor ao trabalho bem-feito para e contra todos é às vezes assombroso.

Ele tinha o hábito de afastar as pessoas, mas não o de ser deixado contra sua vontade. Isso não lhe agradou nem um pouco. Durante muitos dias eu me debati como uma formiga envolta por uma gota de mel (quando ele prometia maravilhas) ou como uma formiga afogada em uma poça de vinagre (quando ele profetizava para mim uma sucessão de infelicidades terríveis ou de fracassos deploráveis).

Uma tarde, a formiga, um pouco estropiada, fechou a porta. Ela preferia ser um fracasso em outro lugar.

TARDE

Eu tinha me tornado aquela pessoa que eu não deveria me tornar.

Nunca triunfante, sempre prudentemente dissimulada; jamais orgulhosa e direta, sempre um tom abaixo e ardilosa; jamais cortante, frequentemente humilde, às vezes mesmo dolorosamente submissa. Minha impaciência domada, meu temperamento travado, meus sonhos anestesiados.

O Oriente de minha juventude (seus valores fantasiosos, sua decomposição cativante) tinha sido pouco a pouco apagado, cancelado do mapa. Não houvera espaço para nostalgia depois de nossa instalação na Europa: mas agora as lembranças, elas próprias inertes, não se manifestavam mais. O que teria acontecido se a história tivesse esperado um pouco, duas ou três décadas, antes de nos sacudir como um cachorro sacode suas pulgas? O que eu teria me tornado? Teria me casado vestindo uma capelina cor-de-rosa com um colega do liceu Saint-Marc, teria levado meus filhos à praia em um carro conversível, teria frequentado festas com piqueniques no deserto?

Eu tinha me adaptado à mudança como uma planta trepadeira se adapta às fantasias de seu jardineiro; meus pais, por sua vez, tinham sido postos de lado, jogados em um canto do jardim como arbustos de que não se espera mais muita coisa, até que morram sem fazer barulho. Eu lia nos jornais as notícias do Egito, do Líbano, da Síria. Estávamos ainda muito longe do saque que iria desfigurar os lugares e os homens no início deste novo século, mas, a despeito dos artigos eruditos e otimistas de todos meus confrades jornalistas e grandes repórteres, eu ousava dizer, sem que me escutassem, que caminhávamos para o pior (sempre constatei que a voz de alguém que conhece um pouco o assunto é suspeita, às vezes ridícula, e que se impõe menos que a de um especialista).

Quanto ao Ocidente de minhas esperanças, aquele ao qual eu me tinha adaptado com uma boa vontade teimosa e ingênua, ao qual tinha confiado meu destino, ele não suscitava em mim mais nenhuma febre, tinha se reduzido a uma sucessão de escritórios em um universo urbanizado e monótono. Todos os esforços, furiosos e um pouco irrisórios, só tinham conduzido a isso, a uma assimilação morna obtida pela seriedade e pela renúncia. Deste lado do Mediterrâneo também o mundo iria se estreitar; o vigor e o ânimo da história passada dariam lugar a um razoável recuo; progressivo sem dúvida, mas irreversível. A falha sobre a qual eu tinha vivido revelava uma fratura apenas camuflada. O começo de um desmoronamento.

Eu não queria mais servir, mas não tinha sido capaz de outra coisa. Eu era a única responsável por isso.

Não muito jovem mais, sem marido e sem filhos, eu estava deixando intempestivamente uma situação profissional que tinha acreditado escolher e amar. Essa nova aposta de minha existência, no momento em que arriscava se firmar no que chamamos de sucesso social, surgia como uma loucura. Mas meu corpo e meu espírito tinham pedido uma pausa. As semanas que se seguiram a minha demissão, depois de uma dolorosa ruptura com sobressaltos, abriram um longo período de convalescença. De calma banal. Como uma greve.

Conrad fala desse estado e daquele que o precede com uma justeza clínica nas primeiras páginas de *A linha de sombra*, seu único texto autobiográfico: «E de repente abandonei tudo isso. Abandonei-o da mesma forma, a nós inconsequente, como um pássaro voa para longe de um galho aconchegante».[1] (O paralelo com o narrador me parecia ainda mais chocante por, entre tantas outras palavras brutais e inadaptadas, ter ouvido muitas vezes

1   Joseph Conrad, *A linha de sombra: uma confissão*. Trad. Guilherme da Silva Braga. Porto Alegre: L&PM, 2011.

meu ex-patrão dizer, com arrogância, que eu jamais ousaria abandonar «um ninho tão confortável».)

> Sim. Seguimos adiante. E o tempo também segue adiante – até que percebemos a nossa frente uma linha de sombra avisando que a região da tenra juventude também deve ser deixada para trás. Esse é o período da vida em que os momentos de que falei são mais propensos a aparecer. Que momentos? Ora, os momentos de tédio, de exaustão, de insatisfação. Momentos duros. Refiro-me a momentos em que os jovens ainda tendem a tomar decisões precipitadas, tais como casar de repente ou largar um emprego sem nenhum motivo.

Com o estômago revirado pela náusea, companheira da agonia da minha juventude, escolhi a imobilidade e a espera. Antes de atravessar minha própria linha de sombra.

Estava deitada sobre um daqueles enormes blocos de pedra branca da Ístria que constituem, por quilômetros, os *murazzi* da ilha Lido, de Veneza, quando senti um ventinho de felicidade; como se a vida recomeçasse.

Os *murazzi* são uma das mais sóbrias e impressionantes construções humanas. Trata-se de uma barragem que se estende por três cordões lagunares, construída no século XVIII para proteger Veneza. Pedras imensas em frente ao Adriático, alinhadas sabiamente de frente para o mar aberto, um trabalho de Hércules realizado em muitas décadas. Uma placa no fim da ilha Palestrina diz: *Ut sacra aestuaria urbis et libertatis sedes perpetuum conserventur colosseas moles ex solido marmore contra mare pusuere curatores aquarum* (As autoridades das águas elevaram esses diques colossais de mármore sólido para que os estuários sagrados da cidade e da liberdade sejam protegidos do mar).

A cidade e a liberdade: a associação das duas palavras tremulava como uma bandeira. Eu tinha chegado a Veneza alguns dias antes, com o trem da manhã, com a firme intenção de continuar minha greve pessoal e descansar em uma pensão da ilha Lido. Ocupava há uma semana um quarto fresco, todo amarelo, que dava para a esplanada em frente ao embarcadouro. De manhã eu alugava uma bicicleta e ia para os faróis ou para o caminho sobre os *murazzi*, comia um sanduíche de presunto e berinjela, dormia em uma pedra quente de sol, tomava um banho quando tinha vontade (molhando bem os cabelos, é uma receita simples para retomar o gosto pela vida), pedalava sem pressa, parava de acordo com minha inspiração. Às vezes em Malamocco, em um café ao ar livre, bebia uma Coca gelada olhando os velhos ônibus passarem. As tílias lançavam seus sucos colantes. Os petroleiros entravam e saíam da laguna, para o porto de Marghera ou para o estuário de Alberoni. Outros ciclistas encostavam suas bicicletas contra os troncos de árvore e pediam peixes grelhados e batatas fritas.

Tinha retomado minha leitura de *A linha de sombra*:

> Tudo isso fortaleceu em mim a crença obscura de que a vida nada mais é do que um desperdício de tempo que, de maneira meio inconsciente, tinha me afastado de um posto confortável, dos homens de quem eu gostava, para fugir da ameaça do vazio... Um enorme desânimo abateu-se sobre mim. Uma sonolência espiritual. Eu já não estava mais irritado. Não havia nada de original, nada de novo, de surpreendente, de informativo a se esperar do mundo; nenhuma oportunidade para se descobrir coisas sobre nós mesmos, nenhuma sabedoria a adquirir, nenhum prazer a desfrutar. Tudo era estúpido e superestimado... Que assim seja.[2]

Não sei se acontece com frequência para os outros, mas meu corpo, eu percebi, está às vezes um passo à frente; o que sinto precede então o que perceberei mais tarde pelo raciocínio ou observação. Na noite do dia em que me senti docemente renascer sobre uma pedra da barragem, soube que tinham me procurado, dois telefonemas. Um deles me convidava, em nome de um grande empresário, para um encontro bastante urgente; a jovem da recepção da pensão estava um pouco inquieta quanto a isso: haviam insistido bastante para que eu ligasse em seguida. «Disseram que tiveram dificuldades

2   Idem.

para saber onde a senhora estava», acrescentou. A outra vinha de Giacomo. «Esse senhor me pediu para dizer que ele chega amanhã; pediu para reservar um quarto ao lado do seu.» Só telefonei no dia seguinte; eu queria proteger a solidão daquela noite e o sentimento ainda frágil de renovação.

Não esquecerei esse dia de setembro, aberto mas com um pouco de bruma até as dez horas. Recebi por telefone uma oferta de trabalho muito inesperada, que iria reorientar minha vida; consegui atrasar em três dias o encontro em Milão, que deveria oficializar esse novo começo. E, por volta do meio-dia, Giacomo chegou, com seu paletó sobre o ombro, uma bolsa na mão, um grande sorriso charmoso: «Eu queria entender o que está acontecendo com a gente». Eu sorria também: «Tenho muitas coisas pra te contar».

Nuvens de cores variadas, colinas ingênuas encrespadas de casinhas e campanários bizarros, aviões deixando seus rastros no céu, detalhes realistas mas transfigurados por um traço original, um humor dissimulado: as paisagens que tinham feito Giacomo célebre constituíam a maior parte de sua obra de pintor e desenhista. A isso somava-se um surpreendente talento de retratista; ele amava esboçar os artistas trabalhando – escritores, músicos, pintores – com nanquim sobre papéis escolhidos com cuidado, espessos, às vezes ligeiramente coloridos. O efeito, nunca absolutamente caricatural, era muito forte; ele tinha me dado um Proust jovem, pálpebras pesadas e todo desalinhado, tão engraçado quanto tocante.

Eu tinha passado muitos trabalhos para Giacomo durante meus anos de jornalismo; ele tinha ilustrado com uma fantasia incansável minhas páginas desiguais consagradas às viagens inteligentes, às estadias originais, ao *farniente* renovador... todos os clichês de nossa época turística, mas cultural, tinham sido contornados e caçoados com graça por seus desenhos. Seu talento enriquecia papéis muitas vezes medíocres, dava-lhes esse chique sorridente que provém de um olhar impermeável ao espírito sério. «Eu ilustro, mas ridicularizo» poderia ter sido sua divisa.

Ele desenhava o tempo todo; no café, no trem, na rua; sentava como podia, saía de seu bolso uma parafernália de aquarelista; quando não encontrava água, um pouco de saliva cumpria a função.

Não muito grande, antes corpulento, um rosto de ar livre (quero dizer que ele ficava bonito quando passeava, perdia seu brilho em ocasiões sociais ou se entediava). Tinha vindo me encontrar para me contar algumas ideias simples e assertivas: era preciso casar rápido, isso me faria um bem imenso, o futuro seria muito divertido.

Eu ria de bom grado, minhas respostas se sobrepunham: isso vinha em má hora, eu ia aceitar um trabalho em outro país, em Paris, um verdadeiro comando de navio-almirante, que ideia, o casamento, desde quando o casamento faz bem, sim, eu estava melhor, mas ia dar um passo terrível, a linha de sombra, Conrad, era ao mesmo tempo triste e inevitável, era preciso se acostumar, escolhendo o caminho oferecido a encruzilhada ficaria atrás de mim, eu esqueceria a angústia, caminhávamos para o nada, era melhor seguir com um passo ágil, sim, eu estava melhor, que ideia casar comigo, eu era uma mulher livre, que não tinha certeza de que ele me amaria por muito tempo, eu estava partindo para uma cidade quase desconhecida, como poderíamos fazer, ele tinha vindo e isso era já um presente do céu, sim, eu estava melhor, eu não estava tão destruída assim, não precisava de proteção, eu me virava, todo mundo dizia isso, eu era resistente, não era preciso temer por mim.

Articulando de maneira exageradamente clara, como fazemos com as crianças adormecidas ou com os levemente imbecis, ele me disse que era preciso simplificar as coisas; o casamento era o ideal para isso, ele me deixaria mais livre, justamente. Eu já não estava cheia dessas histórias da geração de maio de 1968? 68 tinha antes fragilizado as mulheres, não? Jogando por terra a antiga ordem e falando bobagens sobre o futuro da ideia de casal, ele tinha destruído muita coisa: bastava olhar para minhas amigas, psicanalisadas e briguentas. Se eu precisava ir trabalhar em Paris, ele me seguiria, podia desenhar em qualquer lugar. «E, última coisa, não esqueça, pequena», ele imitava Humphrey Bogart: «Os fortes precisam, mais que os outros, ser protegidos».

Eu não encontrava nada para responder a seus paradoxos. Não entendia tudo, sua teoria sobre os fortes que precisavam de proteção era tão estranha e pouco cristã quanto aquela que me tinha cochichado minha mãe, um pouco antes de sua morte: «Preste atenção: os fracos vão arrancar nosso couro!».

Era difícil continuar, mas meu próprio corpo tinha compreendido o discurso em grandes linhas: sem me esperar, sem esperar que eu refletisse e colocasse em ordem meu lendário bom senso, ele tinha abandonado qualquer desconfiança e prudência, ele manifestava sua felicidade; ele tinha muita fome também, muita sede, muito sono.

Alguns livros foram muito importantes em minha existência; quero dizer que eles estavam presentes nos momentos em que a vida acelerava e dava uma guinada. Eles tiveram um papel determinante. Até acreditei ouvir vozes fraternas se erguerem das páginas de Stendhal, Conrad, Proust e tomei decisões levando em conta o que elas diziam. Elas são responsáveis por muitas coisas, me ajudaram a escolher, muitas vezes a ir embora. Não se trata de cultura literária, eu não saberia transmiti-la aos próximos ou a estudantes. Não é um saber para ensinar. É outra coisa: laços quase familiares. Digamos que tenho confiança nos textos dos autores que amo. Então, quando encontro alguma coisa que fala a mim, mergulho nela por anos. Mergulho para compreender melhor, assimilar melhor seu sentido e beleza. Leio e releio, raramente sublinho.

Essa confiança se tinge de espanto e gratidão quando o texto não só se adapta a minha situação, mas ainda consegue esclarecê-la.

Eu tinha, portanto, aceitado esse emprego inesperado por sua importância, seu brilho e sua remuneração, em parte certamente porque eu sairia de Milão e mudaria de país; mas também porque Conrad estava lá com sua melancolia e suas aventuras distantes; seus textos me davam coragem.

Eu não tinha mais medo de não ser digna, não estar «à altura» (dez anos antes, eu estaria me torturando com isso). Essa oportunidade caía sobre mim um pouco ao acaso, mas eu tinha decidido ir até lá com desenvoltura, sem querer acertar, sem negociar ou pedir muitas explicações. Exatamente o que era preciso para não apresentar um ar indiferente. Uma multinacional italiana que, depois de ter se estendido à Espanha e à Alemanha, estava comprando duas empresas na França (dois *assets*, era preciso adaptar minha linguagem rápido), tinha pensado em mim para dirigi-los e fazer parte do comitê executivo central. Uma grande caixa onde o poder era filtrado por uma sucessão de organismos de controle. Isso me tiraria das crueldades de pelica de um patrão legítimo.

Meu desembaraço relativo se devia a um fatalismo novo; eu não desejava mais me dissolver na sociedade, não sonhava mais em transformá-la ou deixar uma marca. Sorria pensando em Bonaparte ou Lawrence; eles tinham se juntado a Aquiles e Heitor, encontrado seu lugar no panteão da infância. Podíamos viver, nos deixar levar, ficar boiando olhando as nuvens. E, ao mesmo tempo, aceitar uma nova aventura. Prosperar ou fracassar não tinha mais grande importância: a aventura contava por si mesma.

A leitura de *A linha de sombra* acompanhou bem de perto essas semanas de transformação. Este eco me repetia, deformando bem pouco, a voz do narrador:

> Logo refleti sobre o meu estado de espírito. Por que eu não estava mais surpreso? Por quê? Lá estava eu, nomeado comandante em um piscar de olhos, não segundo o curso natural dos assuntos humanos, mas antes como em um passe de mágica. Eu deveria estar surpreso. Mas não. Eu me sentia como as pessoas nos contos de fada. Nada jamais as surpreende. Quando uma carruagem de gala surge a partir de uma abóbora para levá-la ao baile, Cinderela não fala nada. Ela entra em silêncio e afasta-se rumo à felicidade.

Eu fazia minhas também as frases que acompanhavam a nova partida: «Um navio! Meu navio! Esse barco me pertencia. Jamais suspeitei de sua existência. Eu ignorava sua aparência; tinha só ouvido seu nome e, entretanto, estávamos indissoluvelmente unidos, para uma certa parte de nosso futuro, destinados a afundar ou navegar juntos».

Uma vaga preocupação com a verdade me obriga de qualquer forma a dizer que o paralelo entre o narrador de *A linha de sombra* e eu não estava perfeitamente traçado. Conrad, ou seu personagem, tinha certamente sido nomeado capitão por um acaso encantado, mas havia ainda assim razões para essa ordenação. A bagagem de conhecimentos técnicos de um marinheiro de muitas travessias; a experiência dos portos do Oriente; a longa frequentação dos homens e dos lugares.

Eu era jornalista; durante quatro anos tinha conduzido sem desgastes a modernização de uma grande gráfica; isso era tudo; não era grande coisa perto do que me era proposto.

Em jogo havia duas publicações femininas, de perfil mais modesto, duas suntuosas revistas de decoração, três revistas mensais de viagens e geografia, uma de história mais bem-feita, uma agência de publicidade. Tenho certeza de que estou esquecendo alguma coisa, e aliás o «perímetro» estava destinado a mudar e a seguir a «evolução do mercado». A responsabilidade pelo conjunto consistia no desejo de não perder dinheiro, de desenvolver páginas de publicidade e o número correspondente de negócios. Sem esquecer as «sinergias» que impunham utilizar tanto quanto possível, por economia, as reportagens e fotos encomendadas na Alemanha e na Itália. Adaptando-as. Era preciso «respeitar as identidades».

Mas aconteceu alguma coisa que eu não previ: uma onda de afetividade me carregou. Eu era responsável, portanto levaria a coisa a sério. Era um barco grande, era o meu. Ele pertenceria a mim. Mesmo antes de chegar ao comando, compreendi que o amava. Eu estava interessada na existência das pessoas que trabalhavam lá, em todos os níveis. O que iríamos fazer juntos tinha uma importância relativa, mas era obrigatório pilotar o navio com consciência e brio. No caso improvável de dois incêndios devastadores acontecerem ao mesmo tempo, na minha casa e no escritório, eu sabia exatamente para onde iria com o coração aos saltos.

As coisas caminharam rápido. Sobraram os episódios e as atmosferas. O casamento ainda me dava medo. Além disso, eu pensava muito seriamente que ele era impossível por razões administrativas.

— Eu não posso me casar. Eu não tenho certidão de nascimento.

— O que isso quer dizer? Todo mundo tem uma certidão de nascimento.

— Ela não foi transferida. Parece que eles deveriam ter recebido e registrado em Livorno, mas ela não está lá.

Giacomo ria. Eu não, as dificuldades administrativas me deixavam chorosa; elas provocavam movimentos de pânico e reavivavam minhas incertezas.

— Bom, você nasceu. Eu posso testemunhar. E então vamos entregar o dossiê para uma agência. Não há mais ninguém em Alexandria para resolver isso?

— Mais ninguém.

— Direi à agência que façam como preferirem, que eu pagarei três vezes as tarifas desse trabalho.

Eu estava aliviada por não precisar me preocupar mais; não acreditei ao constatar que cinco dias mais tarde uma certidão de nascimento apareceu.

Teve o dia em que fiz as despedidas no meu ex-jornal. Dei cabo delas sorrindo.

Teve o dia em que tentei sem sucesso passar pela grade do cemitério.

Teve o dia em que fiz fotos de identidade na cabine de fotografia da esquina para renovar meus documentos: estou realmente com uma péssima aparência.

Teve o dia em que dirigi meu Mini Cooper branco até o ferro-velho. Não sabia que eles arrancariam suas placas. Fiquei com lágrimas nos olhos.

Teve o dia do casamento. Nós estamos muito alegres, estou bonita nas fotos, em um vestido com margaridas brancas. Faria quarenta anos uma semana depois.

Teve o dia em que comprei um magnífico trench vermelho e acamurçado, botas de couro macio natural e um casaco cinza azulado de tweed. Para ir embora com roupas novas.

Teve o dia em que fiz a mudança. Fiz o mínimo. Menos que o mínimo.

Teve o dia em que me despedi da zeladora do prédio e de seu cachorro.

Eu tinha feito várias previsões sobre nossa nova vida em Paris, mas não tinha considerado os problemas com minha língua materna, o francês. Eu falava e lia como antes, claro. Mas não era mais minha língua de uso. Com o sotaque, tudo bem. A escrita, também. Mas as expressões, as imagens, os atalhos tinham se multiplicado. Meu francês tão correto, tão lapidado, parecia saído de um congelador.

Muitas vezes ao dia eu topava com uma expressão desconhecida; na maior parte do tempo, o sentido geral era suficiente para continuar a conversa; eu memorizava sem dificuldade a novidade, colocava-a em meu dicionário pessoal e estava resolvido. Mas às vezes o terreno se tornava instável, a expressão não se parecia com outras análogas nas línguas comuns, o contexto não ajudava. Pior: se o interlocutor ria de sua frase de efeito, as sílabas eram engolidas e incompreensíveis.

Eu me lembro do «boca a boca»[3] onipresente em meu trabalho de chefe de empresa de mídia e que tinha me surpreendido tanto; do «trampo» que todo mundo tentava arrumar no começo dos anos 1980; dos slogans de publicidade ficando tão engraçados uma vez que se tivessem visto e revisto os comerciais de televisão; dos trinques em que era imperioso estar. Alguns de meus colaboradores passavam seu tempo (segundo seus generosos colegas) «viajando na maionese», quando eles não progrediam em proposições que não «arrebentavam a boca do balão» ou choramingavam porque tinham tido «um branco» ou subitamente ficado «deprê». Registrava todo dia metáforas esportivas insistentes e fanfarronas; referências à micropolítica ou a falas de políticos locais. Refrões de canções se imiscuíam no cotidiano; onomatopeias saídas de histórias em quadrinhos desconhecidas me desorientavam. A ginástica cotidiana para fortalecer meu francês (e me permitir trabalhar com autoridade) era até excitante, mas tinha o inconveniente de atrapalhar meu sono. À noite meu

---

3   A autora menciona expressões idiomáticas usadas então, respectivamente: *bouche-à-oreille, prendre pied, pas piqué des hannetons, noyer des poissons, ne pas casser trois pattes à un canard, trouver un chou blanc, rencontrer un bourdon.* [N. T.]

cérebro saltitava, eu me agitava, dormia pouco, as palavras se chocavam umas contra as outras: era engraçado, mas cansativo.

Não tive tempo à época, mas deveria, por curiosidade, ter exposto meu caso a um neurologista para compreender o que me acontecia. Era a segunda vez na minha vida: meus esforços, sempre coroados de sucesso, tinham por contrapartida me empobrecer em outras coisas. É assim que meu inglês, antes fluente e imaginativo, se mumificou, se endureceu, se reduziu a uma língua esquelética; isso não afetou a leitura, mas amputou o vocabulário falado e me privou de espontaneidade em uma língua que eu amava profundamente.

Eu voltava tarde para nosso apartamento na rue Monsieur-le-Prince. Eu atravessava um pátio comprido e subia rapidamente as escadas do prédio onde éramos os únicos locatários. Giacomo limpava seus pincéis à noite; no corredor do prédio se podia sentir um cheiro de terebintina; eu adorava esse cheiro quase tanto quanto o das estrelas-do-mar secas da minha infância.

Foi em Paris, algumas semanas depois de minha instalação, que tomei consciência de que era «judia».

Claro que eu sabia que alguns casamentos em minha família alexandrina tinham acontecido na sinagoga e que alguns ancestrais estavam enterrados no cemitério judeu. (A tia de minha avó estava enterrada perto de uma tia-avó de Patrick Modiano; uma Esther e uma Dora, lado a lado, provavelmente conversavam e, como boas mães judias, comparavam os méritos imensos de seus próprios filhos.) Mas outros membros da família tinham seu lugar no cemitério católico ou no dos livre--pensadores; um ramo da família vinha da Índia. Meus pais nunca me falaram de religião, eu tinha sido batizada por volta de meus nove anos e tinha sido sempre escolarizada em estabelecimentos católicos.

Na Itália, os anos se passaram: ninguém, realmente ninguém tinha pensado em me lembrar de que minha origem era sem dúvida judaica. Uma indiferença muito complacente envolvia tudo que dizia respeito a meu lugar de nascimento, minha família, meus ancestrais. Até mesmo a noção de comunidade jamais era evocada. Para resumir, ninguém ligava.

Em Paris, isso tomou uma certa importância; à medida que conhecia e fazia novas amizades, percebi um verdadeiro interesse quanto a «minha história». A França era mais sensível que a Itália aos charmes do exotismo? Era compreensível, a França foi um império colonial e um país de refúgio; a Itália, ao contrário, era até muito recentemente uma terra que gerações inteiras deixaram, para fazer a vida em outro lugar, até bem longe: na América e na Austrália.

Quando as perguntas amigáveis se fizeram mais contundentes, quando os subentendidos se multiplicaram, quando enfim amigos bem recentes se deram ao trabalho de me chamar para dividir sua alegria em festas judaicas cujos nomes e recorrência eu ignorava, comecei a achar essas atenções obsessivas.

Uma noite, um intelectual conhecido me lançou, em um encontro banal:

— Ah, vocês, judeus de Alexandria, vocês são o sal da Terra.

E ali estava uma pessoa que eu conhecia fazia oito dias e que sabia melhor que eu quem eu era. Eu sorria. Impossível se indignar nessas circunstâncias, inútil explicar sem se complicar. Eu também tinha um pouco de culpa, eu deveria ter me dedicado a entender essas origens com mais seriedade.

Mas houve também circunstâncias mais desestabilizantes. Não soube responder quando minha assistente, tão bem-educada, me acolheu com ar consternado no dia em que um cemitério judeu foi degradado no sul da França:

— Ah, pensei na senhora, que história horrível...

Levei alguns minutos para compreender que ela me prestava suas condolências.

A uma nova amiga, brilhante e sedutora, judia assumida, confessei meu embaraço. O que fazer? O que dizer nessas circunstâncias, já que meu passado era tão obscuro e eu não conseguia enxergar muito para trás? E do que se tratava? De práticas religiosas, de comunidade ou de raça? Eu não sabia se era realmente judia; tinha adquirido o hábito de aquiescer por educação, mas todas as vezes eu me perguntava se tinha razão.

— Ah, isso é muito judeu! — ela exclamou.

Decididamente era impossível achar uma saída.

Giacomo resmungava coisas do tipo «como eles se metem». Uma noite, encontrei do meu lado da cama um retratinho meu em nanquim, contemplando com uma perplexidade cômica um enorme candelabro de sete braços.

Ele também tentava entender a sociedade em que tínhamos aterrissado. No começo, as noites com amigos o encantavam, ele sempre se saía com anedotas que enfeitava, rindo. Ele tinha descobertos temas de conversas que quicavam de um jantar a outro, de forma transversal, mesmo em meios ligeiramente diferentes: as condecorações (merecidas ou não), a vida no interior (desejável ou não), a vida em Paris (infinitamente mais interessante ou não), as casas de campo pertencentes a uma família inteira (conflituosa ou não).

Meu sucesso na vida não tinha muita importância para Giacomo. Ele olhava com indulgência os artigos que de vez em quando escreviam sobre mim em *Challenges*, *Les Échos*, no *Corriere della Sera* ou no *Frankfurter*. Comentava as fotos, «ali você está com cara de chata», «aqui, está bom, você parece de férias», «gosto mais quando você está de perfil, parecendo estudiosa e gentil». As histórias de *top management*, de bancos, plano de três anos, reestruturação, revisão de orçamento, riscos e oportunidades, margens de lucro, ajuste prévio, pactos acionários o entediavam. Ele era bem injusto, tanto mais porque eu evitava falar disso e contar minhas jornadas de trabalho. Mas eu não podia preservá-lo de tudo; como ainda não havia celular, eu estava, ai de mim, obrigada a falar com meus colaboradores, acionistas ou grandes clientes do telefone fixo, em caso de urgência: assim, acontecia de ele ouvir conversas telefônicas que ele imitava com tanta ênfase que eu era obrigada a virar de costas para não rir.

O que ele amava em mim, o que o interessava, pertencia a outro domínio. Tudo que era manco, um pouco torto, não conforme, e revelava minhas extravagâncias involuntárias, minhas falhas e minhas fraquezas: isso é que realmente o agradava. E o enternecia. Meus esquecimentos, minhas distrações, meus lapsos o encantavam. Meus erros de avaliação também. Ele tinha, por exemplo, aprovado bastante a escolha do apartamento. Quando, um pouco inquieta, levei-o para conhecer da primeira vez, ele se extasiou em altos brados com argumentos que me deixaram ainda mais inquieta.

Eu tinha feito as coisas muito rapidamente; uma imobiliária especializada em apartamentos funcionais, situada em escritórios suntuosos da *rive droite*, tinha oferecido uma dúzia de apartamentos impecáveis no décimo sexto *arrondissement*, no oitavo e no primeiro (cômodos enfileirados, embaixo do sótão, dando diretamente para o Jardin des Tuileries, tinham me atraído por um momento). Tinha pedido para ver alguma coisa na *rive gauche*; eles fizeram uma careta. Disseram que os apartamentos disponíveis com vista para o Sena eram poucos e ultrapassavam meu orçamento, que só tinham um apartamentinho na rue Monsieur-le-Prince, mas não na «escala de preço» adaptada para um diretor-geral.

O nome da rua me deixou feliz, a proximidade com o Jardin du Luxembourg também, eu adorava a ideia de que o aluguel estivesse longe de atingir o teto fixado. Assinei o contrato na mesma noite, sob o olhar consternado do diretor da imobiliária.

Esse apartamento era realmente bizarro; o imóvel, muito acabado, se situava ao fundo de um pátio que poderia ser encantador se não fosse invadido todas as noites por lixeiras de um restaurante que ocupava uma boa parte dele. Subiam cheiros nas horas de refeição, salvo quando se punha em ação um exaustor cujas vibrações faziam tremer as janelas. Uma porta envidraçada com lajotas frágeis dava acesso a uma escada estreita que conduzia ao terceiro andar; os fundos do apartamento, cuja planta fantasiosa resultava em adaptações sucessivas pouco inspiradas, davam para um pequeno terraço inclinado. Era um imóvel velho, perto daquele onde Blaise Pascal, aos onze anos, escondido do pai, tinha descoberto a geometria euclidiana.

Ninguém na agência tinha me dito que éramos os únicos moradores: será que todos os outros fugiram? Temiam um desmoronamento? Uma visita aos porões sem luz, cujos corredores estavam cheios de novelos de velhos fios elétricos e de caixotes quebrados, me deu medo. Pensei que ouvia barulhos. Uma manhã, saindo para ir para o escritório, vi um rato muito gordo e plácido, instalado em um dos degraus que iam para o sótão; ele me olhava com gentileza, tocando seu focinho trêmulo com uma minúscula pata cor-de-rosa; ele não estava nem um pouco assustado.

Giacomo achou que eu criava caso por nada, nada precisava mudar, seu ateliê tinha uma boa iluminação, o apartamento era perfeito, os meninos do restaurante eram simpáticos (eles levavam para ele os pratos de sua escolha ao meio-dia), os ratos não eram um incômodo.

Ele me explicou o que fazer, com uma demonstração de apoio: «Antes de sair, você bate o pé uma ou duas vezes, assim, desse jeito; eles são inteligentes e entendem muito rápido; eles vão te evitar».

Peguei o hábito de bater o pé enquanto abria a porta de manhã antes de sair, de muito bom humor, para meu escritório com vista para o Sena.

Foram anos felizes. Entendemos isso quando olhamos para trás. O cansaço não influenciava meu bem-estar profundo. Às vezes eu estava tão esgotada pelo trabalho que eu chegava a apreciar os engarrafamentos, sobretudo os monstruosos, na estrada do aeroporto, para voltar para Paris no fim da tarde: tirava meus sapatos e dormia um pouco no banco de trás do carro que tinha esperado por mim em Roissy. Tinha então a impressão de ser inalcançável. Gostei muito também das grandes greves de 1995; tudo parou durante um mês (e ainda não havia celulares nem internet); nessas semanas em que a França estava paralisada, eu deixava os escritórios desertos para encontrar Giacomo em um bistrô: à clientela habitual se juntavam as pessoas cansadas das grandes marchas, tagarelas às vezes, perdidas sempre: era uma festa.

Eu vivia duas vidas compartimentadas que me equilibravam (mas eu não tinha estado sempre nessa situação?). Trabalhava de dia em escritórios assépticos com o ardor de uma guerreira do capitalismo; voltava à tarde para o apartamento com seu bônus de ratos, da rue Monsieur-le-Prince, com a alma e o andar de uma colegial.

O trabalho de Giacomo tinha atravessado o Atlântico; ele tinha agora um galerista nova-iorquino e alternava, a cada dois anos, exposições milanesas e americanas; fazia de tempos em tempos desenhos para a *New Yorker*. Lembro-me de uma viagem curta quando de um vernissage em Washington; a camisa branca em piquê, muito justa, que eu usava enquanto descia a avenida Pennsylvania para ir até lá; lembro que a noite caía e que eu pensava, naquela noite, que a vida valia a pena ser vivida.

Giacomo tinha dado leveza a minha existência. Eu não tinha mais nascido para ser responsável pelos meus pais, pelos meus colaboradores. Era ele que se colocava como responsável por mim, e isso me agradava. Graças a ele eu tinha finalmente reencontrado minha juventude.

Pouco a pouco, eu abandonava os malabarismos para agradar sem agradar demais, para me exprimir sem dizer demais. Os seres que eu tinha conhecido frequentemente ainda faziam parte de uma história vaga, sobre a qual eu tinha pouca influência. Mas ele... ele era real. Ele ficava contente por acordar ao meu lado, contente por caminhar comigo, jamais ficava inquieto quando eu me atrasava, ficou muito contente por me carregar na escada quando quebrei o pé, era livre para rir ou se entediar bastante quando eu falava. Ele não se embaraçava com análises psicológicas, não dissecava meus gestos ou minhas palavras. Seu corpo falava ao meu com simplicidade. Tampouco havia separação entre sua vida de pintor e sua própria vida; ele observava as coisas, se prendia aos detalhes, às vezes de maneira obsessiva; os rostos e os objetos que chamavam sua atenção se reencontravam em seus desenhos. De repente eu também os via, ou outros ainda mais impressionantes. Tudo tomava forma.

Eu achava que, como acontece com os bons escritores, a ginástica e a tensão que uma concentração extrema aos detalhes exige lhe ofereciam, às vezes, intuições sobre o mundo. Isso me deixava admirada, porque esses flashes não se apoiavam em sua própria cultura, não brotavam das ideias do ambiente. Eles vinham de um lugar mais profundo: de um olhar solitário e original. Ele me falava disso afetando indiferença, sem dar muita importância. Assim, a barra de um vestido, o cheiro do metrô, uma criança que furta, um reflexo estranho em uma vitrine, eram como clarões de aventura.

Grandes andarilhos, no sábado ou domingo atravessávamos a cidade. Para descer de Montmartre até o Sena, pode-se pegar vários itinerários e variar os prazeres; eu tinha uma preferência pelos mercados de domingo de manhã, quando Paris dorme e ouvimos os poucos carros em circulação se aproximarem, como nos filmes antigos. A cozinha oriental e a magrebina não eram as suas preferidas, mas, uma vez em duas, para me agradar, almoçávamos cuscuz ou kaftas libanesas.

O mercado de pulgas de Clignancourt nos atraía feito ímã. As horas passavam leves sem que percebêssemos. Ele observava, às vezes rascunhava algo em uma caderneta, anotava uma cor; mexia nas caixas à procura de desenhos de arquitetura. Levantava cortinas pesadas e empoeiradas em busca de tesouros cuja natureza ignorava previamente; virava as telas para ver se a etiqueta do enquadrador estava legível; parava, sonhador, em frente a pilhas de velhos jornais ou de enormes vértebras de baleia.

Foi lá que, quase por acaso, comecei um dia a triar, escolher e comprar cartões-postais antigos. Os antiquários os classificavam em caixas de madeira, colocando separadores para que nos achássemos ali: Paris, o interior, Europa, Itália, Argélia, Tunísia, Vietnã, China, Camboja... havia quase sempre um conjunto Egito ou um conjunto Síria ou Oriente Médio. Eu comprava seguindo minha inspiração. Bem rápido percebi que o que mais me atraía não era a imagem reproduzida no cartão, na maior parte das vezes deteriorada ou mal colorizada. Eu tampouco tinha interesse pelos selos. Os nomes, os endereços, as poucas frases escritas, as caligrafias diferentes: era isso que me absorvia durante horas. Nos anos 1990 (depois, um pouco menos), havia uma tal profusão deles nos mercados de antiguidades, tão maior que em países vizinhos, que eu inferi alguns motivos próprios à França: as viagens dos funcionários públicos enviados para as colônias, as intermináveis guerras e seus campos de prisioneiros, o turismo generoso dos grandes burgueses, a influência ainda forte de uma civilização da conversação, os hábitos familiares bastante fortes.

Quantas «Senhoritas», que ficaram em Paris ou no interior, eram destinatárias dessas cartas... seus nomes (Amélie, Yvette, Augustine, Léone, Élise...) eram às vezes precedidos de seu título profissional, por extenso, bem respeitoso. Quantos soldados, marinheiros, empregados de portos, entre os remetentes. Em algumas frases, essas cartas contavam um amor nascente, a saudade, a alegria, o tédio, a doença, o medo.

Eu saía dessas explorações perturbada e abatida por todas essas trajetórias, pelo entrelaçamento de sentimentos, pelos sonhos de futuro, as histórias de viagens, as coisas tão urgentes e importantes para descrever, esses projetos de vida dos quais só restavam agora algumas palavras.

Encontradas por acaso. Em uma caixa de madeira. Sobre a calçada.

No final dos anos felizes da rue Monsieur-le-Prince, mais exatamente na primavera de 1997, Giacomo decidiu que deveria me acompanhar a Alexandria, que eu deveria rever minha cidade natal. Ele estava subitamente curioso, ele sabia que eu hesitava em fazer essa viagem.

Como as linhas regulares de barco partindo de Marselha não existiam há quarenta anos, nós pegamos um avião. Na chegada ao Cairo, os funcionários da alfândega nos fizeram preencher formulários, mal olharam meu passaporte (a ideia de que eles pudessem apontar com suspeita para meu lugar de nascimento era absurda, mas eu a temia); tudo me parecia estranhamente rotineiro. Na mesma noite chegamos ao destino pela estrada do deserto e nos instalamos em um apartamento perto do que há muito tempo se chamou a praça dos Cônsules, transformada na minha infância em praça Mohammed-Ali, e agora praça el-Tahrir.

Eu estava cautelosa, à espreita, eu vigiava meu coração. Ele se sobressaltou ao amanhecer ouvindo os barulhos particulares da ferragem dos velhos bondes quando entram em uma curva.

Levei tempo me preparando para sair, nesse primeiro dia. Depois, decidi dar uma volta enquanto Giacomo se instalava muito naturalmente em um café barulhento, pedia água para misturar suas cores, comia doces, depois de ter tentado me explicar as instalações comerciais concorrentes da Coca e da Pepsi nos portos do Mediterrâneo.

Eu tinha me enfiado na multidão de um mercado próximo, atraída pelos odores, sonhando em frente às vitrines de temperos e suas pilhas instáveis de caixas coloridas. Bebi um caldo de cana ouvindo os alto-falantes berrarem da mesquita que chamava para a oração; eu continuava meu passeio, saltitando para os filetes de água suja e rosada em torno dos balcões dos açougueiros; mais tarde, quando eu cheguei à beira-mar, na Corniche, e vi o sol atrás do forte de Qaitbay, pensei que estava começando a melhorar: à parte o espasmo detonado pelo bonde pela manhã, meu coração estava bem tranquilo, eu não sentia nem excitação nem tristeza.

No dia seguinte, saímos para procurar a casa de minha infância; avenida Fouad, 275, em frente ao Sporting Club. Eu achava que o número teria mudado (já que o nome da avenida tinha mudado), mas que eu reconheceria a casa assim que a visse. Aconteceu o contrário, o número era o mesmo e a casa, irreconhecível. Os terraços tinham desaparecido, o imóvel tinha crescido três andares. Só tive certeza de não estar me enganando quando, depois de ter passado pela porta meio arrancada, reconheci as caixas de correio. De madeira, numeradas com o modelo ocidental, com os escaninhos protegidos por vidros em meia-lua. Elas datavam dos anos 1930, elas tinham sobrevivido.

A escola das religiosas de Nossa Senhora do Sion, por outro lado, não tinha mudado; era ainda muito imponente com suas grandes janelas ogivais. Mas ela parecia nua, sozinha no meio de uma floresta de imóveis imensos e ameaçadores; uma multidão de sacadas abarrotadas a olhavam de cima. O grande jardim que a protegia tinha sido devorado pelas construções; no fundo, onde as meninas de antigamente jogavam tênis com sainhas brancas, havia um hangar em construção. Uma freira copta que falava francês com dificuldade me pegou pela mão para me mostrar o corredor do primeiro andar, onde eram as aulas das meninas pequenas. O piso ainda brilhava de limpo. Ouvíamos vozes infantis cantar em árabe.

No terceiro dia pegamos um carro para ir até Abuquir, que me pareceu assustadoramente próximo de Alexandria; eu esperava ser uma boa guia, mas não encontrava nenhuma referência conhecida. O contorno da baía tinha sido cimentado, o vento levantava os papéis sujos e os pedaços de plástico, a praia era uma desolação, o mar parecia oleoso. Almoçamos em um restaurante grande, inteiro branco e vazio. Podíamos escolher o peixe; foi então que uma palavra surgiu em minha boca, vinda das profundezas, impondo-se de maneira imperiosa: *barbouni* – salmonete. Por que justamente essa palavra? Não é das mais úteis ou mais encantadoras, tinha subido sozinha, órfã, para a superfície. Então eu não era completamente uma estrangeira.

O sol entrava por largas aberturas envidraçadas. Sempre fico faminta em viagens, e quando os *barbounis* grelhados chegaram à mesa eu os achei deliciosos, e pedi mais arroz. Giacomo estava vagamente inquieto diante de seu prato de lulas, me perguntou se eu estava triste ou decepcionada. Não, tudo indo. E indo até bem, eu estava contente por rever esses lugares e por não sentir em mim nenhuma amargura.

Na volta, dei uma olhada no hospital grego, que me pareceu em boa forma, e paramos na altura do antigo cemitério judaico. Ele estava fechado, mas duas menininhas bonitas e sorridentes saíram de uma guarita e se ofereceram para abri-lo. A atmosfera era bela e grave, sobretudo por causa dos cachorros que moram lá; o lugar era ideal para escapar do trânsito mortal, dos que arremessavam pedras contra eles, dos chutes. Na maior parte dos túmulos havia um cachorro amarelo sentado ou deitado. Eles nos olhavam sem medo, um deles lambia com aplicação uma ferida aberta na coxa. Outros faziam de conta que dormiam, um só mexia a cauda sem convicção. Eu encontrei sobrenomes familiares, De Botton, Servadio, Menasce, Pinto, Gabbai... Pedi a Giacomo para desenhar um cachorro sobre um túmulo. Ele preferiu tirar fotos.

À noite, sentada ao lado dele na mureta da Corniche, no meio de todas as luzes e da agitação de uma sexta à noite, um pouco embriagada pelas impressões contraditórias, disse que gostaria de deixar a cidade para fazer um tour, ver um lugar que eu não conhecia. Não queria lidar com as lembranças, suscitá-las ou afagá-las.

Tantas pessoas voltam aos lugares de sua infância ou juventude; a joalheria de seu pai virou nesse meio-tempo uma loja de porcelanas; o jardim de sua avó, um depósito, o pátio da escola, uma garagem; seu coração sofre, eles dizem que nada mais será como antes, mas eles já sabiam disso, eles estão espreitando o sofrimento... Eu não tinha vontade de entrar nesse jogo. Não queria nem ver a casa de Kaváfis, nem ir ao Atelier, onde minha mãe tinha tido seu próprio ateliê de escultora, nem procurar os escritórios de meu pai ao lado da antiga Bolsa, nem fazer a peregrinação ao restaurante Élite, e sobretudo não ir à praia de Agami.

Era assim. Eu tinha deixado a cidade, desde então décadas correram. Tinha passado aqui meus anos de adolescência sonhando com a França, minha verdadeira pátria imaginária, mas no convés do barco que me levou para sempre eu chorei por Alexandria. Eu a tinha deixado, não esquecido; talvez até mesmo uma parte de mim não tivesse embarcado no *Esperia* no verão de 1956. Ela tinha ficado aqui; a amputação não tinha me feito mal demais e a cicatrização tinha sido exemplar. Mas eu era agora incapaz de tentar um enxerto com o fantasma de minha juventude.

Giacomo escutava, paciente.

No dia seguinte, um carro nos levou para o Cairo e, em seguida, para o oásis de Faium. Era um lugar já desaconselhado para os turistas; era preciso parar em um ponto de controle e mostrar seus documentos antes de continuar na estrada. Nosso motorista desceu e começou uma longa explicação, mostrando muitas vezes Giacomo, e mostrando seus papéis de desenho e seus aparatos de pintor no porta-malas. Quando ele voltou, compreendemos que ele tinha vencido. «Mas seremos seguidos por um carro com policiais.» Perguntei se era para nos vigiar, ele respondeu com um certo orgulho que, ao contrário, era para nos proteger.

Os quatro tipos apertados em um carro preto enjambrado pareciam contentes por ter finalmente alguma distração. Eles nos seguiram por todos os lugares, ficando a alguns metros de distância, dando uma certa solenidade a nossas atividades turísticas. Suas ordens deviam ser muito severas, porque eles nunca desciam juntos do carro, esperavam no sol, transpiravam heroicamente sem beber nem comer nada. De vez em quando levávamos para eles garrafas d'água; e à noite pedi ao pessoal do velho hotel do lago para preparar sanduíches e chá quente.

Os três dias passados em Faium são uma lembrança tão forte que durante algum tempo evitei falar dela. Os pomares, os pequenos campos ladeados por palmeiras, os cestos de pepinos nas carroças, o tráfego infernal de caminhões agonizantes, os enormes maços de salsinha e de ervas, os ceramistas que amassavam a argila ao longo dos canais, as motos cobertas de barro que ziguezague-avam entre as cabras e as crianças. Era ao mesmo tempo a Bíblia e o Egito de minha infância.

Sempre seguidos por nossos guardiões, na última tarde fomos para as ruínas, à beira do deserto. Lá exis-te um pequeno templo quadrado, isolado, sem nenhum interesse; a menos que os egípcios tenham razão (eles o chamam de *qasr*, castelo) e que seja uma construção defensiva muito antiga corroída pelo vento. Nessa noi-te, do terraço de Qasr Qarun, olhamos para o oeste e prendemos a respiração diante de uma coluna de areia alaranjada que se aproximava, ondulava, se distanciava. Subitamente ela acelerou assobiando e desapareceu su-bitamente. O vento retornou.

Eu quase tinha gritado de entusiasmo: «Olhe, ma-mãe!», me dirigindo a Giacomo. Ele me abraçou, me ergueu e me beijou. «Lapso duplo! Uma mulher normal teria dito: 'Olhe, papai!'»

Os policiais riam em seu carro preto.

Essa história de papai e mamãe deu lugar a numerosas variações. Ela foi a origem de esquetes íntimos, piadas e bizarrices. Provocou também, naturalmente, evocações de narrativas familiares, falamos de novo de amores e de nossos pais. Tínhamos um pouco a mesma história, Giacomo e eu; descobri-la depois de nosso casamento nos tinha divertido muito. Ele me contou de novo o quanto ele tinha ficado ao mesmo tempo feliz e infeliz por saber que não era filho de seu pai. Feliz porque ele conhecia e amava o verdadeiro pai, infeliz porque essa revelação tardia lhe fazia sofrer em relação a seu pai oficial.

Eu contei de novo que isso também tinha acontecido muito tarde para mim: depois da morte de minha mãe e logo antes da morte de meu pai. As análises de sangue, tão frequentes nos seus últimos meses de vida, não deixavam nenhuma dúvida. Eu ia pessoalmente buscá-las e as comparei com as minhas; além dos médicos de um e outro, não tinha falado disso a ninguém.

— Ao contrário de você, eu não saberia jamais. Minha mãe não me disse nada. Não deixou nenhum rastro.

— Você já imaginou? Nós dois, quatro pais! Um dos quais, um fantasma. É um recorde!

— Felizmente, não dou toda essa importância para isso.

— Quem sabe você é suíça? — Eu tinha contado a história de Werner.

— Acho que não, as datas não coincidem.

— Argentina? Conheci argentinos um pouco como você, de origem mediterrânea mas não realmente.

— Não sei como seria.

— Inglesa, então: sinto isso. Uma inglesa completamente em *self-control*. Bem atarraxada aqui! (Ele pôs a mão no meu estômago.)

Alguns dias depois ganhei um retrato hilário meu, em uma ilha deserta com palmeiras, agitando um cartaz: MAMÃE???

Ainda hoje me pergunto por que gostavam do meu trabalho de chefe de empresa e se eu o fazia bem. Eu, que ao longo do tempo tinha perdido tantas línguas faladas, partilhava sem dificuldade a de meus acionários e colaboradores. Tinha uma preferência pelos RH porque eles tinham começado a fazer a «organização do trabalho» no fim do século XX; professavam o trabalho para o «bem-estar dos assalariados», e às vezes era verdade. Sua forma de se exprimir era de modo geral concreta; encontrei entre eles alguns colaboracionistas (é o risco da profissão), mas muito poucos sádicos.

Quanto aos diretores financeiros, sua linguagem tinha derivado depois de alguns anos para um jargão cheio de metáforas; eles qualificavam a si próprios de «criativos», se faziam de comentadores esportivos. Era possível ouvi-los ao longo do dia (com um pico no momento da «construção dos *budgets*») dissertar sobre ligar sob tensão, leque de aportes, impactos positivos, estabilização imprevista de terreno, *challenges* necessários, horizontes de acumulação, novos tijolos, sobrecargas dolorosas ou pistas negras. Por qual bifurcação absurda eu tinha encontrado meu lugar nesse universo?

Os CFO, os DFA que se chamem como quiserem, eles pertencem realmente a uma categoria transversal, se encontram de forma intercambiável nas multinacionais de Milão, Frankfurt, Londres ou Paris; pode-se, aliás, deslocá-los em função das experiências da empresa: eles recomeçariam a trabalhar sem demora em seus novos organogramas, apenas incomodados pela expatriação, a mudança de carro e apartamento, a nova escola das crianças.

Eu sempre tivera uma sensação de ilegitimidade, digamos de incoerência profunda entre mim e meu trabalho. Mas, com o passar do tempo, eu tinha adquirido certa prática e aprendido a usar meu bom senso; o mal-estar tinha se pacificado, e nunca vi minha autoridade ser posta em questão. Por outro lado, a impressão de fracasso pessoal estava sempre lá, bem ancorada apesar de um sucesso de fachada.

Tive acesso por acaso, anos mais tarde, ao dossiê que o escritório de headhunters tinha fornecido a meus acionistas e que tinha determinado minha contratação.

Escrito em um estilo que mereceria ser reutilizado por um grande escritor cômico, ele dizia que eu na verdade não tinha grande competência financeira, nenhuma preparação universitária específica, mas se baseava nessas deficiências para louvar minhas imensas capacidades de me cercar de pessoas relevantes, minha ausência de suscetibilidade, meu gosto pelo esforço etc. O «perfil», superpositivo, era uma tal caricatura de época que a leitura virou uma fonte de angústia. Eu correspondia perfeitamente a todos os clichês do final do século xx. Encontrei ali várias vezes a palavra «mestiçagem», insistiam sobre minha capacidade de empolgar as equipes, minha flexibilidade, minha adaptabilidade aos ambientes difíceis, meus dons de liderança de projetos e meu olhar complacente dos colaboradores, o que teria favorecido interações participativas de potencial.

A única coisa interessante se encontrava na análise grafológica (elas estavam na moda e eram praticadas na maioria das vezes sem informar os «candidatos», cujos nomes ou sexo não eram revelados). Protegido por um envelope atravessado pelo aviso de «confidencial», o relatório concluía seu retrato dizendo muito precisamente: «O candidato apresenta uma fraqueza de caráter. Ele é periodicamente arrasado por crises de fadiga profunda e existencial. Felizmente, ele os dissimula e os domina rapidamente, graças a uma força de vontade pouco comum».

Uma crise de fadiga profunda marcou os últimos meses do século. E infelizmente a força de vontade não podia muita coisa.

A prefeitura de Paris tinha finalmente percebido o estado de nosso imóvel degradado, em pleno sexto *arrondissement*. Ela intimara várias vezes nosso proprietário maluco, que tinha o hábito, quando alguém o chateava, de virar e torcer seu boné em todos os sentidos, de rir como idiota levantando os olhos para o céu, de morder os lábios antes de murmurar palavras incompreensíveis, de onde emergia alguma coisa que se parecia com «exagerado» ou «exageram». O boato que corria entre os administradores dos restaurantes japoneses da esquina era que ele aliás jamais tinha pagado seus impostos territoriais e que, de julgamentos de primeira instância a multas, as somas tinham se tornado tão consideráveis que ele jamais poderia honrá-las. Em resumo, nós tínhamos de nos mudar rapidamente.

Quase vinte anos em Paris tinham passado como um suspiro; eu tinha a impressão de que tínhamos conquistado uma verdadeira estabilidade. Giacomo era cada vez mais reconhecido; os desenhos e as aquarelas tinham ganhado prioridade sobre os quadros de grande dimensão. As exposições, sabiamente espaçadas, eram sempre acontecimentos em Milão ou nos Estados Unidos; ele nunca as tinha organizado em Paris, que era, entretanto, seu principal lugar de trabalho.

Mas viver em Paris começava a lhe pesar. Pressionado a me dizer por quê, ele soltava frases um pouco sem sentido.

— Eu não suporto mais esses pedestres. O tempo todo é «perdão, perdão», em um tom estressado. E depois mais «perdão, perdão» antes de empurrar, dar cotoveladas e pisar nos pés dos outros.

— ... E nossos bistrôs? Você viu como se come mal agora? Eles põem creme em tudo! E o barulho! A gente não se ouve mais: as mesas minúsculas a cinco centímetros uma da outra...

Eu tinha me sobressaltado também ao ouvir, vindo de um homem que não dava nenhum valor ao dinheiro e nunca falava disso:

— Você tem ideia do preço do arroz arbóreo? Três vezes mais o que custa na Itália.

E o dia em que eu disse que queria oficializar um pedido de naturalização francesa (mesmo que isso tivesse aparecido tarde na vida, eu considerava esse passo de acordo com minha vida passada e o amor um pouco insensato que tinha tido por este país), ele reagiu com exasperação:

— A gente não vai recomeçar a tortura com as certidões de nascimento e casamento! É absurdo! Eu me recuso a participar de um novo calvário administrativo.

Eu tinha previsto sua reação e, temendo-a, já tinha passado na prefeitura sem dizer a ele. O dossiê dava medo: havia uma lista de dezesseis páginas de documentos para providenciar. Em original e em cópia. Demandas quase poéticas como aquelas eram difíceis de satisfazer. Como eu encontraria a data de casamento de meus pais... Eles só tinham me contado que, na mesma tarde desse grande dia, no começo dos anos 1930, tinham reduzido seriamente suas economias no padoque de uma pista de corridas, a ponto de precisarem desistir da viagem de núpcias na Europa. Nada com o que convencer um oficial do registro civil.

O adeus à rue Monsieur-le-Prince coincidiu com o fim de um período doce. Eu sofria todos os dias.

★

Uma amiga jornalista italiana, antiga estrela de revistas femininas, tinha me dito um dia com segurança: «Os cinquenta são a velhice da juventude, enquanto os sessenta são a juventude da velhice». Eu tinha adorado e decorado a fórmula; ela suavizava as transições e traçava uma dupla ligação com o avanço da idade. Havia a palavra «juventude» nos dois casos; a fronteira continuava borrada.

No começo do novo século, eu tinha então entrado na juventude da velhice, tinha trocado de apartamento (sem ratos no novo, uma vista esplêndida para as torres de Saint-Sulpice). O cheiro de terebintina tinha desaparecido do corredor. Giacomo trabalhava a maior parte do tempo em Milão, onde ele tinha se reinstalado em seu antigo apartamento; eu prolongava minhas viagens de negócios para jantar e passar a noite com ele uma vez por semana. Aparentemente nada profundo tinha mudado: ele tinha escolhido voltar a viver em sua casa sem dar a essa decisão um caráter definitivo ou simbólico. Era sua liberdade, e eu a compreendia. O restaurante da esquina se chamava Il Cinghiale (o javali), era excelente nos pratos com polenta e se superava nas receitas com cogumelos. De manhã cedo, um táxi me levava ao aeroporto de Linate.

Eu tinha amado os aeroportos, as voltas para nossa casa à noite, os banhos quentes antes de deitar. Por muito tempo, até mesmo a estética dos terminais tinha me agradado; eu tinha alguns hábitos nos «salões» em que tomava meu café da manhã e às vezes fazia um jantar rápido; eu frequentava as lojas de produtos de beleza, havia uma em Milão que eu achava bastante atualizada e uma boa distração.

Mas não era mais assim, de maneira alguma. Eu era agora invadida pelo cansaço de meus confrades, que se deixavam ficar por algumas meias horas nos cafés ou percorriam com grandes passos as galerias de lojas, o frenesi triste que os obrigava a verificar e ler suas mensagens no computador a cada cinco minutos, as conversas, celulares na orelha, que giravam sempre em torno de percentagens de margens e quase nunca em torno da vida pessoal. Eu dava umas olhadas aborrecidas nas vitrines, ai, tão numerosas: meu reflexo não me agradava mais. Sem falar no cheiro infame, idêntico em todo o mundo ocidental, das lojas que vendem ao mesmo tempo produtos gastronômicos e perfumes; o cheiro de queijo misturado com o de patchouli era repugnante tanto de manhã como à noite.

Ele está ligado à sensação de que os fios de minha vida, muito bem apertados enquanto Giacomo vivia comigo na rue Monsieur-le-Prince, se afrouxavam e desfaziam, um depois do outro. Sobrava o laço forte com meu trabalho e com a França e os franceses. Decididamente, eles terão sido os pontos firmes de minha existência.

Ding dong... *O professor Van Hook, que faria uma conferência sobre a atividade vulcânica nas ilhas do Pacífico, infelizmente não está se sentindo bem. A conferência não será realizada; ela foi transferida para a próxima terça-feira, dia 21 de junho, às 21 horas. Ele pede suas desculpas...*

Ding dong... *Por que a data da conferência foi alterada? a) Porque o conferencista está doente; b) Porque a sala não está pronta; c) Porque o conferencista perdeu o avião; d) Porque havia atividade vulcânica...* Ding dong...

Essa era uma das trinta perguntas que tinham ressoado na sala da Aliança Francesa do boulevard Raspail. Eu tinha reservado meu lugar um mês e meio antes para passar no teste de aptidão de francês, obrigatório para qualquer pedido de naturalização. As vozes se sucediam, era preciso marcar rapidamente a alternativa correspondente; os candidatos tinham trinta minutos para as vinte e cinco questões. Eles deviam ouvir atentamente, evitar pegadinhas, ter boa memória; não havia nada escrito no caderno de respostas, o texto da questão só passava uma vez e os assuntos eram os mais variados: os aposentados, a paz no mundo, as padarias, as coletividades locais, os cartões de fidelidade.

Pensei em Giacomo e em meus amigos. Eles ririam de mim? Teriam compreendido por que eu estava lá? Eu tinha decidido prudentemente não dizer nada a ninguém. Era muito complicado para explicar.

Estava sentada ao lado do homem mais velho do grupo; ele tinha as mãos de um trabalhador manual, tinha posto uma gravata. Os cerca de quarenta candidatos presentes no pequeno anfiteatro pertenciam a mundos diferentes. Sete ou oito mulheres com véu ou mais ou menos cobertas; três meninas bonitas com saias curtas e saltos altos, provavelmente russas ou de origem eslava; jovens magrebinos usando tênis; uma mulher nos seus cinquenta, muito elegante e sóbria; duas libanesas, que reconheci imediatamente graças a seu sotaque, tinham vindo juntas e pareciam acostumadas àquilo.

Pensei que meu vizinho da direita era turco. Desde a terceira questão ele me pareceu perdido e triste. Sua Bic hesitava entre as alternativas. Chegando à questão da conferência sobre a atividade vulcânica no Pacífico, ele me olhou para pedir ajuda. Eu me inclinei com minha ficha para mostrar sem fazer barulho. Uma das monitoras, uma bela moça antilhana, chegou batendo os saltos, me lançou um olhar reprovador e se colocou ao lado, fazendo-o perder todas as suas chances.

As questões se encadeavam umas às outras; era como um jogo, simples e perverso; um computador passaria pelo crivo as alternativas preenchidas e decidiria o coeficiente de compreensão oral. Devíamos, nós, candidatos, telefonar um ou dois meses mais tarde, para saber se nossos certificados estavam prontos para vir retirá-los, pessoalmente, com nossos documentos de identidade. Era impossível saber a data, mesmo aproximada. Impossível delegar a alguém. Impossível também receber boletins do resultado pelo correio. Era um exame sério.

Eu vivia em um pé só desde que Giacomo tinha deslocado seu domicílio e sobretudo seu ateliê. O trabalho me ocupava na superfície; nas profundezas, eu tinha entrado em uma zona de pilotagem automática.

Era o começo dos anos duros para a imprensa escrita e sobretudo para a imprensa feminina mais popular. No começo, lançávamos novas fórmulas com comunicados reforçados e otimistas do tipo «vamos quebrar tudo, os concorrentes que se preparem». Os formatos diminuíam, vender publicidade se tornava um trabalho acrobático; os DG ainda e sempre procurando sinergias entre as revistas; os diretores de redação (que eram frequentemente diretoras) chegavam e partiam, as bebedeiras e os discursos se sucediam no andar da presidência. A atmosfera tinha ficado muito nervosa. Quando, em seguida, as novas fórmulas não eram mais suficientes, se passava à velocidade superior; havia supressões de títulos, reagrupamentos, vendas. No final tudo parecia inútil. E as revistas se pareciam cada vez mais entre si.

Essa agitação que eu presidia não me orgulhava. Ela reavivava lembranças. Antigamente havia pequenos ateliês de costura nos bairros burgueses das capitais e das cidades do interior onde as costureiras recebiam seus clientes para provas; erguiam-se barras a fim de «deixar mais jovem», alongavam-se para deixar «mais chique», aumentava-se um decote «não muito», fazia-se uma prega «para dar um toque». As clientes apertavam os olhos, se olhavam nos espelhos triplos.

Vasculhavam as grandes revistas internacionais, onde se inspiravam para encomendar um vestido ou casaco. Tentavam não mostrar sua decepção quando a roupa tomava forma.

A costureira se esforçava; quanto mais ela retocava, mais o vestido se parecia com um saco esburacado, idêntico ao vestido da cliente precedente. Ela suspirava, fazia o que podia: não muita coisa, enfim, porque era impossível adaptar um sonho de tecido a um corpo comum. Felizmente os grandes anúncios de *prêt-a-porter* apareceram, e todo mundo teve acesso a roupas mais baratas, bem cortadas, desenhadas com certo gosto e certa variedade. Em poucos anos, a atividade tão ingrata das costureiras a domicílio sumia do mapa. Os corpos se adaptaram às roupas, e não o contrário. Passeios tranquilizadores nas lojas de roupas substituíram aquelas tardes de tristeza, em que se saía com uma pobre túnica retocada em todos os sentidos com a esperança de imitar um Dior ou Givenchy não acessível.

Uma impotente melancolia parecida me tomava; recortávamos, recosturávamos os periódicos, redistribuíamos os brancos, mudávamos os títulos, os intertítulos, as colunas, a capa. Para agradar a um cliente imaginário. Não tínhamos mais nem o tempo nem a confiança do acionista para criar algo que encontrasse eco em um gosto, uma necessidade. E que se cristalizasse com o tempo, como um «produto do futuro».

No fundo, como os assalariados do mundo inteiro, eu esperava agora com impaciência pelas férias. Tarde na vida eu tinha descoberto o oceano. Tínhamos gostado tanto da Bretanha, Giacomo e eu. Adormecíamos como bem-aventurados nos quartos de onde ouvíamos o vento nas árvores. Eu estava sempre com fome e esquecia minha idade; ele voltava a ser risonho, se bronzeava em poucas horas, me fazia experimentar cidra.

Eu lamentava apenas as novas marinas com as dezenas de veleiros, todos iguais, no cais. Mas onde foram parar os velhos barcos de pesca? Era por isso, ele me disse, que era preciso ir em uma semana de maio para o Marrocos: o oceano teria a mesma luz que eu amava tanto, mas eu poderia ver velhos barcos de pesca entrar e sair do porto. Essaouira despertou emoções esquecidas. Todas as tardes, antes do cair do sol, íamos ver o retorno dos arrastos. Chegavam de mar alto, o ventre cheio de sardinhas, um pouco inclinados, acompanhados de nuvens de gaivotas excitadas. Seus flancos fatigados tinham as mesmas cores que os daqueles descritos por Homero no catálogo dos barcos: púrpura, preto, azul profundo.

Para voltar ao hotel, pegávamos uma passagem onde os vendedores de leilões jogavam as cabeças e as entranhas dos peixes. O fedor era insuportável. Giacomo tapava o nariz com ostentação, imitava um enjoo irreprimível. Eu caçoava dele. Eu conhecia os cheiros dos portos desde que nasci.

As lojas do caminho transbordavam de colares longos de pérolas multicoloridas enfileiradas em cavaletes; nós os comprávamos, escolhendo com aplicação; a maresia e a poeira não diminuíam sua beleza selvagem, mas as deixavam inacreditavelmente grudentas; nós as lavávamos com shampoo na água morna da pia.

É verdade: nós dois estávamos quase velhos, mas em férias isso não se percebia.

Recebi um último pedido da prefeitura a respeito do meu dossiê de naturalização: eles queriam uma carta manuscrita de Giacomo, em que ele faria uma declaração sob compromisso de honra de não desejar se associar à minha demanda. Obrigada a contar que meu dossiê estava bem avançado, eu mesma preparei o texto que ele copiou e assinou. Estávamos em Milão nessa noite, eu fazia pouco caso disso e não falava muito. Sem sucesso.

— Veja que eu tive razão em ir embora: eles sobretudo não querem a mim!

Eu explicava, como senhora sensata, que as administrações não têm afeto, ninguém deixava de gostar dele, ninguém queria que ele fosse embora. Mas eu era casada, e era «para manter a ordem dos dossiês».

— Eles têm medo de que eu me sirva do serviço social! Que peça reagrupamento familiar. Devem pensar que sou um artista de rua. Que você me sustenta com seu trabalho de chefe de multinacional. Bom, bom, você acha normal que eu seja obrigado a fazer uma declaração sob compromisso de honra de que eu jamais pedirei sua nacionalidade, sendo que jamais a desejei? Sendo que não a quero?

O tom não era mais engraçado. Me esforcei para mudar de assunto e falei longamente dele e de seu trabalho, com uma empolgação que eu não fingia nunca.

De volta a Paris, enviei pelo correio o último documento que faltava. Com um suspiro de alívio: quase vinte meses tinham se passado desde que eu tinha começado a reunir os documentos. Essa solicitação, no fim das contas inútil, tinha me esgotado. Aquilo tinha certamente acabado.

Quando, três meses mais tarde, passei pela porta da agência de correio da rue Vaugirard para retirar a carta urgente da prefeitura, eu me perguntava se faria uma festinha em casa em uma noite próxima. Com os amigos que sabiam do assunto; eu poderia me vestir em três cores. Calça azul, camisa branca, cinto vermelho, por que não? Uma de minhas conhecidas, uma mulher alta tão chique e admirada por seu *french touch*, tinha feito isso quando recebeu a condecoração da Legião de Honra; todo mundo tinha achado espirituoso.

Há muitos estilos administrativos. A embromação se serve de volteios negativos do tipo *eu não subestimo... eu não duvido...* e os acompanha frequentemente de volteios dubitativos, como *na hipótese em que... não está excluído que... sob reserva de...* A carta da prefeitura que eu acabava de abrir adotava, por sua vez, um belo estilo bonapartista. Direta, segura, rápida. *Eu decidi,* dizia ela na primeira linha. *Depois de exame. Aplicando o artigo tal e tal.* Não valia a pena continuar. Meu pedido tinha sido recusado.

Na sua magnanimidade, o delegado do prefeito me dizia que eu poderia, se desejasse, registrar um novo dossiê dentro de dois anos. Não esquecia de me devolver o que me pertencia. *A senhora encontrará a devolução de suas certidões de estado civil originais, suas traduções, o extrato de sua ficha judicial estrangeira e seu teste de língua.*

Não sei descrever a agitação que me invadiu depois de ler essa carta. Incompreensão, surpresa, raiva, decepção, tristeza, angústia, confusão, cansaço não são as palavras certas. São de qualquer forma bem exageradas para o que era só uma peripécia em uma já longa existência. Se hoje, tantos anos mais tarde, precisasse falar com precisão do meu estado naquele dia, eu diria que o sentimento dominante era uma vergonha sem objeto definido, uma vergonha infantil. A história retornava a toda velocidade e eu me via de novo no convés do *Esperia*. Mas sem o reconforto de meu pai e de Lawrence da Arábia.

Giacomo não pôde deixar de observar que ele tinha razão ao me avisar.

— E não só eu: como ele se chama, esse escritor dos seus amigos, aquele que sempre te disse que «era preciso sempre desconfiar um pouco dos franceses»? E aquele que tinha te dito que, se você quisesse outro passaporte a qualquer preço, seria melhor pedir um do Cazaquistão... teria sido mais divertido.

Mas ele decidiu bem rápido não insistir, mudou o discurso e me levou para seu ateliê.

«Eu me chamo Corto Maltese. Sou marinheiro.» Quantas vezes tinha lido essas frases inscritas nas páginas das aventuras desenhadas por Hugo Pratt? Elas pontuavam os recomeços das histórias desordenadas que eu amava tanto desde que Oreste del Buono as tinha mostrado para mim no *Linus*, um jornal que ele dirigia em Milão. Era realmente o único quadrinho que eu lia desde os anos 1970. Seu herói se movia rápido, muito rápido, galopava entre as guerras e as lendas, navegava de uma parte a outra do Atlântico; entre duas aventuras malucas, voltava de tempos em tempos a pousar em Veneza. Um bastardo romântico nascido em Gibraltar, filho de uma judia de Sevilha e de um oficial de Sua Majestade; mentiroso que só ele. E nem tão gentil assim: assassino sem remorsos quando as circunstâncias se apresentavam. Em sua boca, Pratt usava e abusava de sentenças bem construídas, com o carimbo do macho sentimental; eu citava sempre uma de minhas preferidas: «As mulheres seriam maravilhosas se pudéssemos cair em seus braços sem cair nas suas mãos».

Eu tinha comprado um boné como o seu e o usava durante o verão, no mar. No meu escritório parisiense, um grande pôster quebrava o ambiente severo. Corto puxava seu pulôver preto de gola rulê, escondia o queixo e a boca, olhava direto para a frente, calmo e insolente.

Pois bem, eu que decidiria por ele agora: ele deveria me seguir sem criar caso. Eu levaria para longe meu marinheiro do pôster; e também um tapete com listras laranja e cor-de-rosa encontrado em um bazar no sul da Tunísia. Tinha chegado o tempo de parar toda essa agitação, de me distanciar. Era preciso saber ir embora na hora certa.

Eu não tinha programado nada por muito tempo. Mas tanta coisa tinha se desfeito em poucos meses: a partida forçada da rue Monsieur-le-Prince, Giacomo voltando para sua casa, minha diminuição de tensão no trabalho, a recusa de meu pedido de naturalização que soava como o fim. Eu via nessa sequência um sinal do destino.

Pensava em tudo isso em um domingo de manhã, percorrendo sozinha um dos itinerários que eu conhecia tão bem, de Montmartre ao Sena. Olhava os prédios com carinho. Há jardins de praças que jamais esquecerei, calçadas em que tomamos café com pão, uma minúscula loja de chapéus onde comprei uma capelina cor de café, restaurantes indianos onde eu pedia o prato mais apimentado, uma praça em uma subida onde um velho clarinetista tinha derretido meu coração tocando Sidney Bechet. Era bonito, mas não era mais a mesma coisa.

Inútil se lançar à esgrima para tentar descrever ou explicar a influência do tempo, dos sentimentos sobre a percepção dos lugares. Ninguém fará melhor que Proust na última página de *No caminho de Swann*:

«Os lugares que conhecemos não pertencem tampouco ao mundo do espaço, onde os situamos para maior facilidade. Não eram mais que uma delgada fatia no meio de impressões contíguas que formavam a nossa vida então; a recordação de certa imagem não é senão saudade de certo instante; e as casas, os caminhos e as avenidas são fugitivos, infelizmente, como os anos.»[4]

4   Marcel Proust, *Em busca do tempo perdido: No caminho de Swann*. Trad. Mário Quintana. São Paulo: Globo, 2006.

NOVE HORAS DA NOITE

— Diga o nome de um animal, o primeiro que te vier à cabeça.

— Golfinho.

— Diga um segundo, rápido, rápido, sem pensar.

— Tigre-de-bengala.

— Vai, um último esforço agora, um terceiro animal, o que você quiser.

— Um ouriço.

Ataques de riso.

Penso nisso olhando uma colônia de grandes ouriços sob o quebra-mar de Atrani. Enfim, dizemos «quebra-mar», mas trata-se de cinco ou seis metros de cimento sobre os quais o verão arrumou um pontão móvel. Os barcos vão e vêm o dia todo, completamente carregados de famílias. Os homens, jovens e velhos, estão geralmente na barra. Os olhos semifechados, esticada no sol, ouço sempre as mesmas coisas:

— Os sapatos! Tire seus sapatos!

— Eu tinha dito para trazer minha bolsa. Você esquece tudo!

— Mas dê a mão para ele! Ele vai cair!

— Eu tenho que fazer tudo! Isso não são férias!

Vivo aqui mais de seis meses por ano, me junto a Giacomo em Milão quando começa a chover de verdade e os dias são muito curtos. No outono, passamos quinze dias em Paris: passeios, reencontros, boas surpresas às vezes. A ausência de preocupações financeiras permite fins de vida agradáveis, se conseguimos não nos sufocar com os remorsos.

A solidão não existe em Atrani. É uma vila, na Costa Amalfitana. As pessoas conversam dos terraços. Encontram-se à noite em volta de mesas de uma *piazzeta*; no verão ouve-se a barulheira das conversas, gritos, músicas subindo até minha janela tarde da noite.

As horas em frente aos barcos e botes que vão e vêm passam enquanto se olha a luz mudar. Todas as manhãs, ao abrir a janela de meu quarto, em frente aos reflexos espelhados da água, penso no «mar de mil sorrisos» da *Odisseia*. As ideias e as lembranças seguem o movimento das ondas.

Como aquela história de animais: era um teste «psicológico» que uma amiga tinha tentado fazer comigo. Ela tinha me assegurado do que, em sua simplicidade, ele sempre funcionava. Era tão elementar que era usado para destravar a fala em crianças difíceis. Era seu trabalho, crianças fechadas, enfim, é o que ela se tornaria.

Nós tínhamos quase vinte e cinco anos; começávamos a trabalhar.

— Então, o primeiro animal que você evoca é você. O que você é de verdade, no começo da vida. Um gentil golfinho saltitante e curioso, procurando amigos. Você não é medrosa. Segue os barcos que cruzam teu caminho.

O segundo é o que você gostaria de vir a ser, um grande tigre perigoso e dominador, as florestas de Bengala... A aventura e toda sua parafernália. Mas você não vai virar isso, é impossível, é um sonho. Você continuará golfinho.

O terceiro é aquele que você vai ser. No fim da vida. E isso me dá vontade de rir. Ninguém nunca me respondeu «um ouriço». Há animais mais glamorosos para virar depois de toda uma vida!

Sorri em cima do meu quebra-mar de cimento quente. Sim, esse teste para crianças me dizia a verdade. Aqui estou eu, prova viva com mais de setenta e seis anos (em três anos terei oitenta: eu repito isso para acreditar). Eu me agarro a um pontão, a agitação ao meu redor não me incomoda, ao contrário, mexo meus espinhos devagar, me mexo com lentidão, a água do mar me basta.

A jovem esposa do locador de barcos chega com uma caneca de café, recém-saído de sua Moka Express, tão curto que poderia caber em um dedal. Já está adoçado. Seu menininho cresceu muito. Com dez, onze anos, é o tempo dos primeiros amores devastadores. Sobretudo para os meninos. As meninas nessa idade passeiam em bando e riem dando-se cotoveladas. Ele espera, vira o pescoço para a praia, o olhar fixo há pelo menos uma hora, sua namorada não veio hoje.

Sempre tive medo da paixão amorosa. Nunca soube o que fazer quando ela me foi oferecida. Não esqueci Pierre do Sporting Club de Alexandria; ele tinha onze anos, eu tinha nove ou dez, acho: ele não parava de dizer que me amava, que casaria comigo quando fôssemos adultos. Eu dizia que quando fosse adulta partiria para as ilhas Gilbert ou para as Marquesas, não me casaria, mal podia esperar por todas as aventuras que me aguardavam. Mas, se ele quisesse jogar badminton agora, eu topava.

— E então, se você me amasse, faria o quê?

— Qualquer coisa por você.

— Você comeria essa minhoca?

A minhoca, cor-de-rosa, se aproximava da pazinha de madeira. Ele a olhou com nojo.

— Sim.

— Sim?

Dei a minhoca para ele sobre a pá com um pouco de terra. Pierre tinha o temperamento de um herói, ele engoliu o verme e um pouco de terra também. Eu estava aterrorizada, tinha provocado alguma coisa assustadora. Eu era um monstro. Quase em lágrimas, eu torcia minhas mãos; era demais. O amor era uma catástrofe. O amor levava a cometer horrores. Eu não queria isso nunca.

— É nojento!

Pobre Pierre, não somente ele não tinha me conquistado com sua prova suprema de amor, como eu nunca mais quis falar com ele.

É uma deficiência: jamais soube o que era estar «apaixonada», em geral dizemos, em um fôlego só: «perdidamente apaixonada». Tive amigas, claro, que segundo seus amigos entravam nessa categoria; mas o que isso significa interiormente, não sei bem. Mulheres intensas, muito sensíveis, tomadas de um amor absoluto. Se eu fosse um homem de mais de trinta anos, mudaria de calçada, pularia de um táxi, para mim, a liberdade. Se eu fosse uma mulher, por outro lado... Aí está, volto a falar de mulheres como se não me dissessem respeito. Não tenho saída. Bom, sou uma mulher, era preciso admitir de uma vez por todas; eu me rebelo por instinto quando me mostram essa evidência, mas é um erro, uma fraqueza, admito a culpa. A questão central reside talvez no meu pouco gosto pelos tobogãs afetivos que estão associados às histórias de amor. Paixão, chama, tédio, sofrimento, lágrimas.

Não gosto nem das lágrimas que me infligem nem das que poderia provocar. Toda a mitologia em torno das apaixonadas que aguardam telefonemas com o coração batendo sempre me pareceu um pouco cansativa. Até mesmo francamente aborrecida. A opinião favorável que elas suscitam de antemão é inexplicável. Não suporto nem as reprimendas nem as chantagens em nome do amor; não compreendo que se sofra por sofrer.

Sinto o amor primitivo: possível ou impossível, glorioso ou trágico. Os estados intermediários me parecem supérfluos.

Enfim, eu deveria dizer: «Senti o amor... era uma deficiência...».

Um cartaz, solenemente assinado Capitaneria del Porto di Salerno, foi afixado no muro ao lado do rochedo tão prático para se jogar na água. Declara uma proibição absoluta de mergulho, sob pena de múltiplas sanções. Perguntam por quê; há séculos as crianças e os adolescentes mergulham desse rochedo. Todo mundo vê o cartaz, alguns o leem, ninguém pensa em arrancá-lo, simples assim. «Não faça isso, o *vigile* vai saber que foi a senhora...», ela acrescenta, olhando sua filha que mergulha, longos cabelos lisos descoloridos: «Para nós, não tem problema: agimos como se ele não existisse, a chuva vai apagá-lo neste outono».

Eu adoro essa cidade. Adoro a casa agarrada a um lado da montanha que a encima. Data do século XIII: uma grande peça abobadada, bem longa, bem alta. Sob a abóboda, em baixo-relevo, duas cruzes dos Templários. Fiz pesquisas: no tempo das Cruzadas, os Templários tinham alguns pontos de parada na costa. Eles os ocupavam para descansar antes do grande trecho até Jerusalém e para prover seus barcos atracados, cabras, aves, frutas. Ao lado da grande peça, suntuosa e nua, duas pequenas células monacais; na frente, dois terraços. Tudo isso não é nem um pouco luxuoso, mas as paredes, não cimentadas, têm quase um metro de espessura e está sempre fresco no interior. Ao nascer do sol, o vento vem do vale, carregado de eflúvios de limão e alecrim misturados; a partir de duas horas da tarde, quando faz tempo bom, ele sopra do mar. É muito regular; quando os hábitos do vento mudam, significa que o tempo piorou ou que o verão acabou.

Não há absolutamente nada para fazer aqui. Além de decidir de manhã o que se vai comer ao meio-dia e à noite. Nada. Eu mesma fico espantada por ter tão rapidamente e sem esforços passado de uma atividade exagerada para um ócio total na maior parte do ano. Virei o ouriço que estava programado. Isso não provocou desgastes particulares sobre meu equilíbrio e humor; eu sabia que nada do que eu fizesse estava destinado a «durar». Superioridade dos pintores: Giacomo nunca se questionou nem sobre sua idade nem sobre seu trabalho; nunca mudou de ritmo, continuará a desenhar e a pintar até o fim de seus dias.

Eu: poeira varrida seis meses depois de minha partida. Alguém refez o *business plan* para três anos, e isso é tudo.

Comprei pés de pato. Dos modernos, como se encontram hoje: bem curtos, com a planta do pé bem larga, facilmente reguláveis por uma correia, mesmo na água. Nada a ver com aqueles de alguns anos atrás, que colocávamos com esforço e contorções. Eles me permitem nadar muito tempo sem me cansar e não temer o percurso de volta com pouco fôlego. No mais, quero descrever minha aparência: quase boa. Óculos de sol, chapéu de palha com abas largas e uma saída de praia são ornamentos eficazes de verão.

Quando vou nadar, a mulher do locador de barcos olha de tempos em tempos, para ver se está tudo bem: uma olhada para sua filha, uma para seu filho, uma para mim. Com discrição. Isso me toca muito. Vejo também que avaliam as minhas forças na vila: nas manhãs em que carrego desajeitadamente pacotes muito pesados, há sempre alguém para me dizer para deixar lá; um rapaz levará a sacola de batatas, o óleo ou as caixas de conserva mais tarde.

Quando me instalei aqui, tive por algumas semanas a pretensão de me «fazer útil»; tentei organizar atividades para as crianças e os adultos, eventos culturais – criação de peças de teatro ou outras coisas do gênero. Eles me ouviram nos terraços de dois cafés, disseram: «*Magnifico! Ottima idea!*». Tinha em mente uma noite de *Otelo* que aconteceria na véspera da festa da vila. Mas nada aconteceu de verdade; tínhamos cinco voluntários em competição furiosa para o papel principal, nenhum candidato para representar Iago, uma Desdêmona bonitinha, mas que desistiu rápido. Eu mesma pensei *a posteriori* que era uma ideia extravagante adaptar Shakespeare em um lugarzinho feito para bate-papos, gritos, sorvetes de limão. Adaptei-me à forma, peguei o ritmo: aqui tudo se faz ou desfaz sem a intervenção da vontade de quem quer que seja.

Por volta das quatro horas da tarde, estou cansada do meu quebra-mar de cimento e do vaivém das luzes, junto minhas coisas (não muitas, além de meus pés de pato e duas saídas de praia) e vou me sentar à sombra no café da praça. Um rito estabelecido: peço uma grande Coca gelada. É uma droga doce, um estimulante necessário agora. Uma parte do terraço, o triângulo da esquerda, oferece uma conexão de internet aceitável; é o canto intelectual da vila. Com usuários solitários e concentrados, frequentemente estudantes em recuperação ou estrangeiros sorvendo seus e-mails. Em volta, os sorvetes derretem.

Leio primeiro meus jornais, em três línguas. Arquivo os artigos e editais políticos que quero reler à noite. O interesse pela política voltou, tinha adormecido no tempo em que eu era chefe e estava contaminada pela ideia de que era no mundo dito do trabalho que as coisas aconteciam. Votei uma vez só, assim que atingi a maioridade na Itália. Em seguida, desde 1968, deixei para lá. Para alguém a quem a política apaixona, reconheço que é estranho só ter votado uma vez.

Eu teria votado na França. Se eu tivesse sido francesa. Mas isso não aconteceu. Meu pedido de naturalização tinha sido recusado, por razões administrativas que eu poderia ter resolvido telefonando a torto e a direito, entrando com o recurso aconselhado. Não fui nem razoável em meu desejo tão ardente de adquirir um passaporte de que não tinha nenhuma necessidade, nem equilibrada na reação que me abateu quando abri a carta da prefeitura. Aquele desejo tinha me construído, digamos que eu tinha me construído em volta dele e em volta da língua que amava mais que as outras, que era a minha. Algumas escolhas tinham orientado minha vida, e a de meus pais antes de mim, porque sonhávamos em francês. Eu perseguia um símbolo familiar, ao mesmo tempo que tomava ares indiferentes de europeia socialmente bem posicionada. Corria como uma descerebrada para que nossas histórias, tão imprecisas e cambaleantes, encontrassem um pedestal definitivo. Para que os itinerários em ziguezague de gerações que me precederam tivessem um sentido e um fim. Para voltar para o porto.

Era pueril, ingênuo, inútil. Nenhum pertencimento certificado por um pequeno caderno de papel pode resolver esse tipo de problema. Que febre tinha me tomado? Por que essa vergonha que tinha me subido até a garganta? Como se não me quisessem, indigna de fazer parte dessa grande nação, devolvida por carta, posta em seu lugar.

Uma carta administrativa não é nada, uma peripécia menos grave que outras, mas eu tinha atribuído a ela um poder supremo; ela tinha reavivado sentimentos ruins e lembranças dolorosas; eu tinha até mesmo me pegado a celebrar o fato de que não há um além, para que meus pais jamais soubessem que a porta tinha ficado fechada; eles, que diziam teatralmente, quando partíamos no verão para as férias: «Voltamos para a França».

A Administração, passei minha vida me esquivando dela, tentando mentir para ela. A Administração, uma mosca odiosa ocupada em esfregar suas patas, fixando-me com seus grandes olhos globulosos. Todas as minhas falhas são radiografadas por suas facetas. Impossível escapar dos vinte e cinco mil receptores:

— Ah, ah... a senhora não tem certidão de nascimento?

— Ah, ah... a senhora não sabe o dia de casamento de seus pais?

Não é de espantar que eu não tenha seguido a tendência habitual de, ao longo dos anos, virar *Law and Order*. Não é meu caso; tenho reflexos cada vez mais libertários; pulsões cada vez mais românticas; a Lei e a Ordem me aborrecem mesmo sendo velha. Constato que um dos problemas da velhice, a não ser em caso de doença ou fragilização cerebral, é que envelhecemos jovens e, até mesmo, morremos jovens. A juventude volta como um fôlego quente porque os constrangimentos sociais evaporaram. O espírito de liberdade encontra um espaço mais aberto. Ele permite, na maturidade das ideias, esperanças com que ninguém mais sabe lidar. É tão triste quanto morrer levemente gagá.

Sentada em minha mesa no canto conectado da praça, todas as tardes, bebendo Coca, eu me dedico a meu prazer do momento: as pesquisas pela internet. Para mim, há poucas coisas mais agradáveis que isso. (Sou obrigada a fazer isso no café, impossível conseguir sinal no alto, em casa.) O mecanismo de busca é o mesmo que o da memória. Um novelo monstruoso. É preciso puxar os fios certos, fazer associações de palavras, invertê-las, deslocá-las, enriquecê-las; em seguida, amarrar ou tecer. Aprender a sobrevoar as ocorrências repetitivas, buscar de novo quando se encontra alguma coisa interessante ou realmente nova. Quanto maior a busca, mais romanesca. Avançamos em uma floresta fechada, é melhor anotar em uma caderneta os caminhos por onde passamos para não nos emaranhar demais, percorrer os mesmos caminhos ou voltar para as ruas sem saída. Minhas buscas são o prolongamento dos gostos fixos que se revelaram bem cedo e se desenvolveram em seguida, às vezes subterraneamente durante anos, às vezes à luz do dia.

Pude dar um novo impulso a minhas paixões infantis. Entre outras, avancei no conhecimento sobre as grandes batalhas navais e sobre sua presença na pintura europeia. Sem minhas pesquisas, que têm a preguiça sinuosa dos devaneios, não teria descoberto um extraordinário quadro do Rijksmuseum de Amsterdã; o pintor holandês Cornelis Claesz van Wieringen representa nele a explosão do navio-almirante espanhol na batalha de Gibraltar de 25 de abril de 1607 contra os dinamarqueses. A confusão, as chamas, a fumaça invadem a tela; o pintor não hesita em mostrar os membros da tripulação lançados aos ares. Os seres humanos não são os únicos a serem projetados: a explosão mistura corpos, deslocados em posições as mais inesperadas, com as vassouras, os tonéis de vinho, os chapéus, os cestos de pão, uma escadinha tocante. O céu é azul-claro, impassível, estriado de pálidas fumaças. É bizarro e, apesar de tudo, muito engraçado.

Há mais de um mês, é uma corveta do século XIX, *A Triunfante*, que me ocupa durante duas horas por dia. Comprei em Paris, em um pequeno antiquário, um maço de desenhos a grafite, assinados Ed. Jouneau. Todos os desenhos que possuo descrevem os navios em que esse marinheiro francês embarcou a partir dos anos quarenta. Ele domina sua arte. Sua mão é muito firme. Ao longo do tempo, Jouneau redigiu, acho que por acaso, sem decidir, um diário em imagens, anotando cuidadosamente as datas, o estado do mar, o nome dos outros barcos ancorados; em alguns casos, ele esboçou a perspectiva, e isso produziu halos concêntricos contornados por uma nuvem de cifras. Ele quer se lembrar de suas viagens e escreve embaixo de seus desenhos: «areia negra», «passagem perigosa», «rochas brancas», «vulcão extinto», «pequena lagoa costeira». Às vezes seu nome está em tinta carmim, enfeitado com uma âncora dominada por uma coroa real. Tudo é cinza nos seus trabalhos com grafite, salvo a assinatura e as bandeiras em que o azul, o branco e o vermelho tremulam na imagem.

Vê-se bem que a corveta *A Triunfante* é sua embarcação preferida. Ele está apaixonado por ela, deve ter pensado nela todos os dias por anos, mesmo em seu leito de morte. É o barco de sua juventude. Ele a desenha inclinada pelos ventos da tempestade ou com as velas baixadas pelo mar calmo, às vezes sozinha, às vezes à frente de uma flotilha. Seus canhões, doze em cada bordo, estão sempre bem visíveis. Faço esforços de imaginação; tento ouvir as ordens, ver meu marinheiro na manobra, descansando com seu lápis na mão, deitado sonhando em sua rede.

Começo a conhecê-lo bem, esse caro Ed. Jouneau. Ele se chama François de Sales, Guillaume, Édouard; em setembro de 1836, ele é o décimo sexto de trinta e cinco no exame final da Escola Real da Marinha, aluno de segunda classe, exatamente na média. Foi certamente ali que ele aprendeu a desenhar. Em primeiro de janeiro de 1841, ele embarca a bordo d'*A Triunfante*, que dirige as velas para a Oceania sob o comando de Marie-François Sochet. Estou quase certa de que ele participa, em abril de 1842, da posse das ilhas Marquesas. Ele desenha, desenha em todos os lugares e sempre que pode. Aplicado e tão talentoso.

Quanto a mim, há semanas eu navego sobre os oceanos, exatamente como sonhava quando criança, graças a esse marinheiro que encontrei por acaso em um antiquário da rue de Seine (qual de seus descendentes decidiu vender esse pacote de lembranças, a obra de sua vida, sem provavelmente nem dar uma olhada?).

Carreguei em um pendrive trechos dos *Anais Coloniais e Comerciais*, cartas de oficiais, memórias, artigos do *Journal Officiel*, e imprimi tudo isso em um bar de Amalfi. Uma impressionante colheita de documentos sobre esses anos. Construo dossiês. Cruzo informações. Tento pôr ordem nos meus achados.

Como está distante o tempo em que uma nação enviava uma esquadra para um arquipélago longínquo para anunciar a um rei e sua população de seiscentos homens que a França lhe fazia a honra de lhe dar sua proteção. Havia primeiro alguns tiros; em seguida o dia solene via sucederem música militar, missas e cânticos, desfile de marinheiros vestidos de gala, salvas de canhões. As assinaturas reunidas do almirante e do rei (em 1842, o rei das Marquesas se chamava Iotété, era obeso, tatuado, bonachão, obstinadamente refratário a qualquer deus novo que poderia fazer sombra aos seus). Quem lhe tinha explicado em que consistia a proteção? Em todo caso, não foram os missionários, consternados por suas roupas e sua pequena e alegre tropa de esposas de quem ele tinha orgulho.

Como parece distante o tempo em que se podia batizar sem problemas de consciência um navio com um nome tão heroico, tão altissonante, tão carregado de certezas. A França era forte, expansionista, segura de sua primazia.

No fundo, é esse nome que me seduziu. Devo ser como Jouneau; teria, como ele, amado mais que tudo embarcar a bordo de um navio francês que teria me assegurado os triunfos por vir. O mar podia ser mau o quanto quisesse, a solidão, angustiante, as portas, perigosas, os retornos a Cherbourg, decepcionantes: isso não tinha nenhuma importância, o triunfo estava escrito.

Vivi como pude; mais que sobrevivi: tive sorte.

Mas não houve *Triunfante* para mim.

Às seis e meia da tarde, os sinos de Santa Maria Maddalena soam com entusiasmo. É a hora do *vespero*, as vésperas. A mesma hora em que é preciso tirar as lixeiras. De seis horas e trinta a oito horas da noite, nem mais cedo nem mais tarde. A vila iniciou a triagem seletiva do lixo com um ardor e uma seriedade inexplicáveis. Há alguns anos, as ruelas que escalavam os dois flancos do minúsculo vale (como um funil) estavam cheias de sacos plásticos abertos pelos gatos, que esperavam um catador distraído. Hoje a ordem está instalada; todo mundo desce à mesma hora com muitos sacos de cores diferentes. É uma triagem minuciosa; as grandes capitais que separam de forma besta o vidro do papel e do plástico deveriam nos admirar e tomar como exemplo. Aqui triamos as caixas de conserva separadamente, depois de tê-las enxaguado, idem para os potes de iogurte; o óleo de fritura e o óleo para motores são recolhidos em contêineres diferentes;

um tipo especial está previsto para as fraldas de bebês, as lâmpadas... O rigor é respeitado. Não sei quanto tempo isso vai durar, mas a vila se mostra orgulhosa; ela é a primeira da classe de toda a região e o proclama em cartazes onde somos incitados a não fraquejar nessa cruzada pela qual se mobilizam «vigilantes ecológicos». A triagem se tornou o principal projeto da vila e um assunto recorrente de discussão. Há poucos recalcitrantes, aqueles que antes teriam sido libertários da extrema esquerda. E eu, depende do dia. Uma discussão animou a praça por um momento na semana passada: tratava-se de saber se a ecologia era de direita ou de esquerda.

Não estamos mais na época dos Templários e dos Sarracenos.

O horário de depositar o lixo cria alguns problemas para aqueles que querem participar da oração da noite: seria preciso primeiro descer para jogar os sacos de lixo e, em seguida, subir novamente para a igreja. Faço isso de vez em quando, escolho um banco no meio da nave; o sol acende os vitrais, ouço o cura balbuciar molemente suas orações.

Eu tenho, desde sempre, tanta espiritualidade quanto um linguado. Compreendo o sentido religioso para os outros; tendo lido muito sobre o assunto, é fácil para mim descrever seus impulsos. Para resumir, sei muitas coisas, mas não sinto nada.

Tinha quase esquecido que fui eu que decidi ser católica, há muito tempo; no dia em que, depois da aula, no grande salão que dava para o Sporting Club, anunciei a meus pais que queria ser batizada. Não sou mais tão pequena naquela tarde, tenho oito ou nove anos. Tenho o cabelo curto, estou de uniforme. Minha mãe, toda bronzeada, usa um lenço cor de berinjela amarrado na cintura sobre seu vestido branco.

— Batizada? Católica?

Sim, claro; que outra religião? Bom, visivelmente ela não vê nenhum inconveniente. Meu pai não reagiu. Ouve-se o ventilador. Flap flap flap. Ele lê seu jornal com atenção, não vejo seu rosto, escondido atrás de *Le Progrès Égyptien*. Minha mãe repete:

— A menina está dizendo que quer ser batizada...

Depois de um silêncio que me parece longo, sua voz de homem afetuoso, calmo e como sempre um pouco indiferente:

— É uma boa ideia, eu acho.

À noite, depois do jantar, lavo e estendo meu maiô e minhas saídas de praia. Uso um sabão de jasmim, no dia seguinte eles estarão secos, macios, perfumados. Uma espreguiçadeira me espera em um dos terraços depois de meus telefonemas. Giacomo liga bastante regularmente; ele não se entedia com minha ausência, mas sinto que se preocupa um pouco. Não com minha saúde: não para de me dizer que estou com a voz boa, o que o tranquiliza e alivia. Não, são minhas paixões, minhas «manias marítimas», que lhe parecem um pouco exageradas. Será que ele teme que minhas histórias de batalhas navais e de explorações sejam as premissas de uma fadiga intelectual? Acho que ele não gostaria que eu me transformasse em uma grande dama leviana. É preciso dizer que, levada pelo impulso de confiança e de amor que ele me inspira sempre, eu lhe contei, com um ardor descontrolado, todas as minhas recentes descobertas sobre as colonizações da Oceania e da África Ocidental, a vida a bordo nessa época que parece tão distante. Ele ria, da última vez em que veio passar uma semana aqui: as aventuras dos missionários lidando com os «selvagens» dos arquipélagos e com Iotété, que defende sua seminudez e sua poligamia, o divertiram bastante. As cartas pomposas dos almirantes propondo a seu ministro transformar, para o bem da França, essas ilhas paradisíacas em lugares para deportação de criminosos ou desviantes políticos, o fizeram rir às lágrimas.

Nós somos felizes e falamos muito quando estamos juntos, Giacomo e eu, nem um pouco infelizes quando estamos separados; escolhemos o que a mulher de meu dentista chama, com uma ponta de inveja, de um tipo de vida «moderna»; é preciso dizer que seu marido mudo não deve ser sempre divertido.

As noites no terraço, na primavera e no verão, são deliciosas. Não leio, ouço os barulhos da praça, o vento se insinua entre as casas, o mar reflete luzes trêmulas. Os morcegos (bem pequenos e inofensivos aqui) começam suas manobras totalmente desprovidas de sentido lógico: volteiam sem objetivo, depois se batem brutalmente em muros invisíveis, como se tocassem paredes de vidro. Espantados, fazem uma pausa, antes de retomar sua atividade febril.

É engraçado pensar em todos aqueles que deixam os anos passarem sem fazer comentários, sem protestar, sem dar sua opinião; sem ter vontade de escrever a menor nota de rodapé destinada a atenuar a rigidez lacônica dos documentos administrativos que lhes concernem. Eles chegam no crepúsculo de sua vida e continuam ainda e sempre humildemente silenciosos. Para não falar daqueles que perseguem, esmagam e destroem todos os rastros, como fez minha mãe; a fim de que, depois de sua partida, até os objetos se calem para sempre.

Estou mais ou menos segura de que é melhor deixar atrás de si algumas reflexões, alguns comentários. Anotá-los, se possível. E não destruir nada. Não tive filhos e netos a quem a bagunça de lembranças acumuladas em caixas teria divertido. A redistribuição de meus tesouros vai se fazer sem passagem de geração; ela será assegurada pelos mercados de pulgas e pelos antiquários. Um dia, talvez, alguém voltará a sonhar topando por acaso com meus cartões-postais do Canal ou de Aden, os desenhos de viajantes, as fotos que me pertenceram ou que eu mesma tirei. Palmira, Abuquir ou Faium pertencerão a um mundo desaparecido de vez: destinos saqueados, violados ou muito arriscados.

À medida que a noite se faz mais escura, a estranha forma que aparece na lateral da montanha em frente ao meu terraço fica mais e mais distinta. O refletor posto atrás da igreja de Santa Maria Maddalena realça as saliências e os buracos da falésia. Um rosto humano em três quartos, sorridente, um olho meio fechado, bigode, um lenço em torno do pescoço. Foi Giacomo quem viu primeiro; frequentemente ele vê as coisas antes de mim. Nas primeiras noites esperávamos a escuridão com impaciência, temendo que ele não respeitasse seu encontro. Nós o batizamos de «o pirata». Só se pode vê-lo bem depois das nove horas da noite.

Essa aparição é tão frágil; bastaria que um empregado da prefeitura decidisse fazer economia e julgasse esse grande refletor caro e inútil; bastaria que ele o deslocasse um metro ou dois. O jogo das sombras e das luzes seria modificado; nosso pirata desapareceria; haveria uma outra forma sobre esse grande rochedo, ou um conjunto ilegível de manchas negras, ou nada.

Cedo ou tarde, isso vai acontecer, é inevitável; então, com meu iPhone, eu o fotografei no começo e no final da estação, para que ele também não parta sem deixar rastros e continue a assombrar por muito tempo o alto da vila. Para não esquecer. De vez em quando mostro sua foto e pergunto: «O que você vê?». Todo mundo vê o rosto de um homem sorridente e zombeteiro; acrescentam: um príncipe, um guerreiro, um mosqueteiro, um pirata...

Permaneço sentada, espero o sono. Respiro, não leio, eu olho, olho.

Nem uma vírgula da história terá sido escrita por mim, minha vida não terá acrescentado nada ou mudado o destino do mundo. Meus rastros são insignificantes. As «ideias inexprimíveis e vaporosas» que atravessaram minha juventude não produziram nada. Tudo será rapidamente esquecido.

Mas eu terei olhado bastante este mundo.

MEIA-NOITE E MEIA

Meia-noite e meia. Rápido passou a hora
desde as nove quando acendi o candeeiro,
e me assentei aqui. Permanecia sem ler
e sem falar. Com quem falar,
completamente só nesta casa?

....

Meia-noite e meia. Como passou a hora.
Meia-noite e meia. Como passaram os anos.[1]

Konstantinos Kaváfis, "Desde as nove"

1   Konstantinos Kaváfis, *Poemas de K. Kaváfis*. Trad. Isis
Borges Belchior da Fonseca. São Paulo: Odysseus, 2006.

Este livro é dedicado à memória de Gaby e de Vittorio.

Tive a sorte de encontrar um editor-marinheiro que me convenceu a escrever.

Agradeço a Alice d'Andigné por ter estado lá.

BIOGRAFIA

Teresa Cremisi (Alexandria, 1945) trabalhou na Itália em meios de comunicação, como o canal de TV Rai, os jornais *L'Espresso* e *La Stampa* e na editora *Garzanti*. Já na França, foi diretora editorial da Gallimard, dirigiu a Éditions Flammarion e foi diretora-geral responsável pelo desenvolvimento editorial da Madrigal, a holding que engloba tanto a Gallimard quanto a Flammarion. *A Triunfante* é seu primeiro romance.

Das Andere

1 *Kurt Wolff,* **Memórias de um editor**
2 *Tomas Tranströmer,* **Mares do Leste**
3 *Alberto Manguel,* **Com Borges**
4 *Jerzy Ficowski,* **A leitura das cinzas**
5 *Paul Valéry,* **Lições de poética**
6 *Joseph Czapski,* **Proust contra a degradação**
7 *Joseph Brodsky,* **A musa em exílio**
8 *Abbas Kiarostami,* **Nuvens de algodão**
9 *Zbigniew Herbert,* **Um bárbaro no jardim**
10 *Wisława Szymborska,* **Riminhas para crianças grandes**
11 *Teresa Cremisi,* **A Triunfante**

DIRETOR EDITORIAL
Pedro Fonseca

CONSELHEIRO EDITORIAL
Simone Cristoforetti

PRODUÇÃO
Zuane Fabbris editor

IMAGEM DA CAPA
Julia Geiser

PROJETO GRÁFICO
ernésto

EDITORA ÂYINÉ
Praça Carlos Chagas, 49 2º andar
CEP 30170-140 Belo Horizonte
+55 (31) 32914164
www.ayine.com.br
info@ayine.com.br
info@oficina-ernesto.com

© 2015 Editions des Equateurs
All rights reserved

© 2019 EDITORA ÂYINÉ
1ª edição abril 2019

ISBN 978-85-92649-43-2

PAPEL: **Polen Bold 90 g**
IMPRESSÃO: **Artes Gráficas Formato**